FABIELLE ROCHA CRUZ

SÉRIE LÍNGUA PORTUGUESA EM FOCO

Jogando palavras

tecnologia e gamificação

no ensino de Língua Portuguesa

Rua Clara Vendramin, 58 • Mossunguê • CEP 81200-170 • Curitiba • PR • Brasil
Fone: (41) 2106-4170 • www.intersaberes.com • editora@intersaberes.com

Dr. Alexandre Coutinho Pagliarini
Dr.ª Elena Godoy; Dr. Neri dos Santos
e Dr. Ulf Gregor Baranow • conselho editorial

Lindsay Azambuja • editora-chefe

Ariadne Nunes Wenger • gerente editorial

Daniela Viroli Pereira Pinto •
assistente editorial

Palavra Arteira Edição e Revisão de Textos •
preparação de originais

Palavra do Editor • edição de texto

Luana Machado Amaro • design de capa

ArtKio e marekuliasz/Shutterstock •
imagens de capa

Raphael Bernadelli • projeto gráfico

Rafael Ramos Zanellato • diagramação

Luana Machado Amaro • designer responsável

Regina Claudia Cruz Prestes; Sandra Lopis da Silveira • iconografia

Dados Internacionais de Catalogação na Publicação (CIP)
(Câmara Brasileira do Livro, SP, Brasil)

Cruz, Fabielle Rocha
  Jogando palavras: tecnologia e gamificação no ensino de língua portuguesa/Fabielle Rocha Cruz. Curitiba: InterSaberes, 2022. (Série Língua Portuguesa em Foco)

  Bibliografia.
  ISBN 978-65-5517-116-7

  1. Educação – Tecnologia 2. Gamificação 3. Inovações educacionais 4. Língua portuguesa – Estudo e ensino I. Título. II. Série.

22-113603   CDD-469.07

Índices para catálogo sistemático:
1. Língua portuguesa: Estudo e ensino 469.07

Eliete Marques da Silva – Bibliotecária – CRB-8/9380

1ª edição, 2022.

Foi feito o depósito legal.

Informamos que é de inteira responsabilidade da autora a emissão de conceitos.

Nenhuma parte desta publicação poderá ser reproduzida por qualquer meio ou forma sem a prévia autorização da Editora InterSaberes.

A violação dos direitos autorais é crime estabelecido na Lei n. 9.610/1998 e punido pelo art. 184 do Código Penal.

sumário

prefácio, xi

apresentação, xv

como aproveitar ao máximo este livro, xx

um   Concepções sócio-históricas dos jogos e *games*, 23

dois   Gamificação e a lógica dos *games*, 49

três   Gamificação na geração e na mediação do conhecimento, 87

quatro   Gamificação na educação, 133

cinco   Gamificação e o ensino de Língua Portuguesa, 179

seis   Experienciando a gamificação, 217

considerações finais, 249

lista de jogos mencionados no livro, 253

referências, 261

bibliografia comentada, 271

respostas, 275

sobre a autora, 283

Ao meu pai, que, em 1994, comprou meu primeiro videogame e me deu a oportunidade de conhecer mundos fantásticos.

Ao Guilherme, que dividiu tantas memórias mágicas comigo na Terra, em Azeroth, Stardew Valley e outros tantos lugares.

A vida não é apenas transmitir seus genes. Podemos deixar para trás muito mais do que apenas DNA. Por meio da fala, música, literatura e filmes... O que vimos, ouvimos, sentimos... Raiva, alegria e tristeza... Essas são as coisas que vou transmitir. É para isso que eu vivo. Precisamos passar a tocha e deixar nossos filhos lerem nossa história confusa e triste à sua luz. Temos toda a magia da era digital para fazer isso. A raça humana provavelmente chegará ao fim em algum momento, e novas espécies podem governar este planeta. A Terra pode não durar para sempre, mas ainda temos a responsabilidade de deixar todos os vestígios de vida que pudermos. Construir o futuro e manter o passado vivo são a mesma coisa.

(Solid Snake, Metal Gear Solid 2: Sons of Liberty. Konami, 2001)

prefácio

❧ DURANTE MEU PERÍODO de mestrado, o foco da minha pesquisa foram os *games* e a aprendizagem de língua inglesa. Na época, precisei de sujeitos de pesquisa cujo perfil deveria ser o de graduandos em Letras – Português-Inglês ou Inglês, que fossem *gamers* e que atribuíssem aos *games* sua fonte de aprendizagem de língua inglesa. Por meio de uma colega de mestrado, recebi indicação da Fabielle, ou simplesmente Fabi, para as minhas entrevistas.

Foi assim que nossos caminhos se cruzaram. Eu, uma *baby boomer* que resolveu se arriscar a entender a relação entre *games* e aprendizagem de língua inglesa, e Fabi, uma *millennial* raiz, que não somente já pesquisava os *games*, mas os vivenciava em seu dia a dia.

Eis que, algum tempo depois, voltamos a nos encontrar, agora como colegas de profissão. Nosso convívio diário extrapolou o âmbito acadêmico. O que era um interesse comum – *games* – propiciou um *upgrade* do coleguismo para uma amizade verdadeira.

Por isso, prefaciar este livro é mais do que escrever um simples texto sobre o que você, caro leitor, cara leitora, vai degustar ao longo destas páginas. É apresentar uma pesquisadora que ama o que faz e o faz com primazia. E, obviamente, pesquisa um tema que também me é muito caro e apaixonante, ainda que eu não me identifique como uma *gamer* aos moldes de como a Fabi se identifica. Longe de mim ter essa pretensão!

E o que encontrar neste livro? Com certeza, uma leitura deliciosa, fluida, porém não menos profunda sobre os *games*. A Fabi apresenta não somente um panorama da relação histórica entre seres humanos e jogos, sejam eles analógicos, sejam eles digitais, mas também os aspectos linguísticos, sociais e culturais envolvidos nessa relação.

Com isso, a autora toca num ponto importantíssimo a respeito dos *games* em práticas pedagógicas para o ensino de línguas: eles vão muito além do simples aspecto da ludicidade. Infelizmente, quando se trata das tecnologias digitais da informação e comunicação (TDICs) – em que os *games* se enquadram –, ainda existe a ideia equivocada de que eles servem somente para o divertimento. Não se pode negar que a diversão é inerente aos *games*, isso é fato. Mas a imersão e o engajamento a partir deles são os pontos-chave para a promoção da aprendizagem. Afinal de contas, qual docente não sonha com esse comprometimento por parte dos alunos em sala de aula?

Contudo, este livro não trata exclusivamente dos *games*. A autora tem consciência da realidade da maioria das escolas em nosso país, especialmente as públicas. Há falta de recursos e de tempo hábil para que os professores incluam os *games* em suas aulas. E qual a solução apresentada pela Fabi? É fazer uso de certas características dos *games* em um processo conhecido como *gamificação*. Entender as mecânicas desse processo pode contribuir (e muito!) para uma aula com alunos ativos, participativos e engajados.

Por isso, caro leitor, cara leitora, faço um convite à leitura desta obra que, sem sombra de dúvidas, traz luz sobre a cultura *gamer* e suas relações com o ato de ensinar e aprender. Desarme-se, porém, dos preconceitos relacionados aos *games*, injustamente acusados de serem alienantes e de incentivarem a violência. Como diz James Paul Gee (2010), um linguista que tem dedicado suas pesquisas ao mundo dos *games*, nós só aprendemos algo de fato se formos persistentes e estivermos apaixonados pelo assunto a ser tratado. Isso nada mais é do que a própria essência dos *games*.

Edna Marta Oliveira da Silva
Mestre em Estudos Linguísticos
Professora do Centro Universitário Internacional Uninter

apresentação

❰ QUANDO EU TINHA três anos, meu pai me deu meu primeiro *videogame*. Era a primavera de 1994. Naquela época, o modelo mais desejado era um Super Nintendo Entertainment System, o SNES, que teve muitos jogos famosos publicados – como Donkey Kong Country e Super Mario World.

O fato é que eu era uma criança de pouca idade, mas já sabia que tinha uma paixão imensa por um elemento crucial de qualquer bom jogo imersivo: a narrativa. Eu ficava sentada por horas a fio, de olhos vidrados na televisão, acompanhando meus primos e outros familiares que vinham nos visitar e aproveitavam para jogar em nosso console (o microcomputador que permite rodar jogos eletrônicos, geralmente conectado ao aparelho de televisão). Tamanha era minha admiração por histórias com boas narrativas que, até hoje, ainda sento no sofá e assisto ao meu marido jogando, como se fosse um filme.

A narrativa, por assim dizer, é um dos elementos considerados fundamentais em um jogo, mas isso não significa que não existam tantos outros bons jogos sem uma história. De todo modo, a narrativa é uma das partes que mais permitem trabalhar com a língua, seja a língua portuguesa, seja uma língua estrangeira. Nos diálogos, nas descrições, nas falas e nas histórias, muito pode ser aprendido e ensinado, o que nos leva a três pontos principais deste livro.

Primeiramente, os jogos criam uma cultura própria. Por meio das ações dos jogadores em jogos cooperativos ou competitivos, pela organização de comunidades presenciais e virtuais de fãs e pelos muitos campeonatos de *e-sports* que se espalharam pelo mundo, mais do que nunca, existe uma carga em ser chamado de *gamer*.

Não obstante, essa cultura própria é portadora da cultura local – pessoas do mundo inteiro interagem em jogos *online*, tanto nos *multiplayer* quanto nos jogos cooperativos que simulam jogos de tabuleiro. O jogador é, essencialmente, alguém que carrega consigo o próprio sistema de crenças e valores, parte de sua cultura, e essa cultura se encontra com muitas outras nas bases de fãs mundo afora.

Assim, para entender como os jogos funcionam, é preciso primeiro aprender a relação cultural estabelecida nesse contexto, seja ela a cultura criada por meio do jogo, seja aquela que é intrínseca aos jogadores e, claro, a cada um de nós.

Esse detalhe nos leva ao segundo ponto: Se a cultura é importante para o/no jogo, como podemos considerar que a língua e a relação dela com o jogo são menos importantes ou, ainda, não têm nenhuma importância?

Veja um exemplo simples: quando eu ganhei o *videogame* do meu pai em 1994, eu amava um jogo chamado Goofy Troop. No papel de um importante e conhecido personagem da Disney, cujo filho está sempre aprontando tanto quanto ele, era necessário ir avançando para chegar ao navio pirata, enfrentar o "chefão" e resgatar o amigo. Parece simples, não?

Pois é, mas eu só fui saber a história por trás disso quase 15 anos depois de jogar, e por duas razões: quando criança, nem eu, nem meus pais falávamos inglês, então o que sabíamos da história era aquilo que víamos acontecer, e não o que estava escrito. Além disso, nesses primeiros consoles, o mercado brasileiro de jogos digitais, por exemplo, não era tão aquecido quanto o de jogos de tabuleiro. Assim, comprava-se todo o tipo de jogo analógico em português, mas os digitais não vinham em português.

Portanto, a língua mudou também com a ascensão do mercado brasileiro de jogos digitais por meio do processo de localização: indo além de uma simples tradução literal ou conversão linguística, há um processo reflexivo sobre o mercado e o consumidor, de modo que a tradução é específica e moldada para o consumidor final. A ideia da localização é que, se uma gíria ou expressão é usada na língua original, cabe ao tradutor pensar em seu consumidor brasileiro, por exemplo, e identificar como seria utilizada na língua portuguesa para o público brasileiro. Vemos, então, a cultura em pauta novamente.

Esse ponto ressalta a importância dos estudos de *videogames* atrelados ao mundo do ensino de língua. Mais uma vez, independentemente de ser a língua portuguesa ou uma língua estrangeira, o trabalho com *games* proporciona um encontro fundamental com a língua, que é crítico, ativo e reflexivo.

Esses elementos nos conduzem, então, ao terceiro ponto: a cultura e a língua estão, definitivamente, bem marcadas no elemento da narrativa. Mas esse não é o único aspecto a ser destacado, uma vez que há muitas outras mecânicas dos jogos que são passíveis de serem transpostas para a sala de aula, no processo de gamificação.

As mecânicas, como *feedback*, motivação, sistema de pontos e recompensas e avatares (imagens de um personagem, humano, animal ou fantástico, que é usado para representar outra pessoa), são elementos clássicos de quaisquer jogos e, quando levados para a sala de aula, transformam o processo de ensino e aprendizagem. Por isso, considerar a gamificação da aula é importante para propiciar a aproximação com uma outra realidade – talvez aquela de que alguns professores tentam se distanciar quando ainda dizem que os *games* atrapalham o estudo.

Assim, este livro visa perpassar os três pontos descritos – a cultura dos jogos, a relação entre língua e cultura e a narrativa – alinhados ao ensino de Língua Portuguesa. Não me cabe, no entanto, esgotar esse tema aqui: como alguém que pesquisa o ensino de línguas por meio de jogos digitais há dez anos, devo enfatizar que novas pesquisas e reflexões nesse campo de estudo dentro do contexto brasileiro são sempre necessárias. Talvez este livro seja a porta de entrada para você, leitor ou leitora, nessa área.

Este livro, destinado a leitores interessados em saber mais sobre a gamificação, está organizado em seis capítulos, que partem da concepção sócio-histórica dos *games* e seguem para a análise da lógica desses *games* antes de entrarmos na abordagem sobre sua utilização em sala e sua transposição para a gamificação por meio das mecânicas e das aplicações. Por fim, aprofundaremos a discussão sobre o uso em contextos específicos da língua para, na sequência, enfocarmos a gamificação na prática.

A intenção é que possamos trilhar, ao longo dos capítulos, um caminho sem volta pelo mundo dos jogos digitais, dos jogos de tabuleiro e da gamificação. Então, escolha o melhor lugar para fazer sua leitura, pegue sua melhor armadura e aperte *play* para começar. Há muito para explorar, e as recompensas são pura experiência para subir de nível.

Prontos ou não, aqui vamos nós!

como aproveitar ao máximo este livro

Empregamos nesta obra recursos que visam enriquecer seu aprendizado, facilitar a compreensão dos conteúdos e tornar a leitura mais dinâmica. Conheça a seguir cada uma dessas ferramentas e saiba como estão distribuídas no decorrer deste livro para bem aproveitá-las.

Logo na abertura do capítulo, informamos os temas de estudo e os objetivos de aprendizagem que serão nele abrangidos, fazendo considerações preliminares sobre as temáticas em foco.

Algumas das informações centrais para a compreensão da obra aparecem nesta seção. Aproveite para refletir sobre os conteúdos apresentados.

> **Preste atenção!**
>
> De caráter ritualístico, jogos como tarô e Sinet nos lembram que a curiosidade pelo futuro sempre foi um elemento intrínseco à realidade humana, significativamente revelada em aspectos culturais, como tradições e crenças coletivas. Outros jogos nessa linha, que têm um perfil divinatório ou de previsão, também fazem parte desta coleção, como o do búzios, muito marcante nas manifestações culturais africanas, o o de runas, bom exemplo das expressões culturais da escandinávia.

Apresentamos informações complementares a respeito do assunto que está sendo tratado.

É interessante observar que, diferentemente dos demais jogos, a função desses jogos é uma conexão estabelecida pela humanidade com o seu lado espiritual, na busca de conselhos a respeito das escolhas para o futuro ou das melhores ações a serem tomadas. Se pensarmos na literatura antiga e nos mitos gregos, podemos entender que esse misticismo envolvendo os jogos sempre esteve presente – basta pensar que as Olimpíadas tinham igualmente uma finalidade ritualística, em honra a Zeus, o deus dos deuses.

Considerando-se agora a sorte nos dados, estipula-se que eles fazem parte da sociedade e são utilizados desde 3000 a.C. O mais curioso é que, inicialmente, os dados também tinham a função divinatória, passando a ser utilizados como um elemento de jogo anos mais tarde (McGonigal, 2012).

> **Exemplo prático**
>
> Depois de fazer uma avaliação diagnóstica de seus alunos, o professor descobre que eles não têm tanto domínio do conteúdo de orações coordenadas, que seria expandido. Para promover a aprendizagem crítica e reflexiva de seus alunos, o professor cria um sistema de nível, sendo que o primeiro nível aborda as conjunções a partir da leitura de fragmentos textuais, o segundo nível apresenta as orações coordenadas e subordinadas, o terceiro nível é pautado nas orações coordenadas sindéticas, e assim por diante. Cada atividade dos níveis proporciona um encontro do aluno com o conteúdo, e é necessário alcançar uma pontuação mínima para passar para a próxima etapa. Existe um sistema de pontuação individual, que não corresponde à avaliação formal e é usada apenas pelo professor para verificar a aprendizagem do aluno.

Nesta seção, articulamos os tópicos em pauta a casos reais e situações do cotidiano a fim de que você perceba como os conhecimentos adquiridos são aplicados na prática e como podem auxiliar na compreensão da realidade.

Esse primeiro exemplo é algo básico, pois são usadas as mecânicas de pontuação e nível para instigar os alunos. Não descrevemos nenhuma atividade porque esse não é o foco, mas observe que a questão do nivelamento foi construída em formato progressivo, o que permite, se for a intenção do professor, que cada aluno progrida no seu ritmo e no seu tempo.

Com o placar individual, os alunos podem ter uma noção de seu progresso individual, decidindo voltar ou avançar em relação ao conteúdo. O aluno se sente motivado em prosseguir e,

---

produtivo. Não se trata de oferecer o conteúdo disfarçado de diversão, mas de fazer com que cada etapa, ainda que desafiadora, possa ter uma justificativa para existir.

Síntese

Neste capítulo, vimos que...

A lógica dos *games* considera a interação e a presença dos jogos nos contextos sociais, históricos e culturais. Foi a partir do século XXI que os jogos ganharam inovações que os caracterizam até hoje, estabelecidas pela necessidade que eles têm de acompanhar a humanidade. De fato, foi após os anos 2000 que passamos a ver inteligência artificial, física do mundo real dentro do virtual, plataformas móveis e armazenamento de conteúdo na nuvem. A história dos jogos digitais acompanha a evolução tecnológica.

A gamificação é a transposição das mecânicas dos jogos, sejam eles digitais, sejam eles analógicos, para diferentes espaços. Conforme Alves (2015), são mecânicas comuns: desafios, sorte, cooperação/competição, feedback, recursos, recompensas, transações, turnos e vitória. Como concluímos, as mecânicas não diferem do que Boller e Kapp (2018) elencam como elementos dos jogos.

A narrativa tem papel fundamental nos jogos, sobretudo nos RPGs, e pode ser transposta para a gamificação. A narrativa permite que a experiência gamificada tenha um fio condutor ou um guia, que permita aos participantes perceber a conexão entre um elemento e outro. Vimos que, de certa forma, muitos

Ao final de cada capítulo, relacionamos as principais informações nele abordadas a fim de que você avalie as conclusões a que chegou, confirmando-as ou redefinindo-as.

Apresentamos estas questões objetivas para que você verifique o grau de assimilação dos conceitos examinados, motivando-se a progredir em seus estudos.

Aqui apresentamos questões que aproximam conhecimentos teóricos e práticos a fim de que você analise criticamente determinado assunto.

bibliografia comentada

Nesta seção, comentamos algumas obras de referência para o estudo dos temas examinados ao longo do livro.

um Concepções sócio-históricas dos jogos e *games*

dois   Gamificação e a lógica dos *games*

três   Gamificação na geração e na mediação do conhecimento

quatro   Gamificação na educação

cinco   Gamificação e o ensino de Língua Portuguesa

seis   Experienciando a gamificação

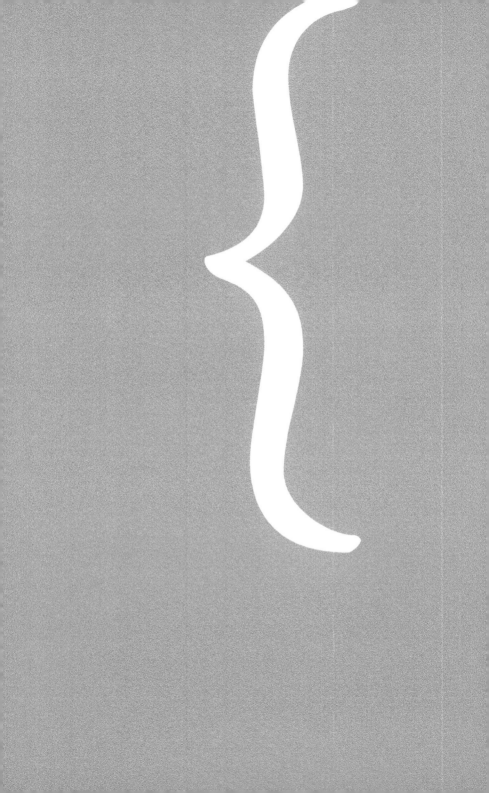

"O homem certo no lugar errado pode fazer toda a diferença no mundo."
(G-Man, Half-Life 2, Valve Corporation, 2004)

❲ PODE PARECER UMA redundância a ideia de que se deve começar algo pelo começo, mas é preciso dizer que muitas vezes, na tentativa de trazer a ludicidade para a sala de aula, professores e professoras se propõem a utilizar jogos para motivar e divertir os alunos. A realidade é que temos de olhar para o passado, antes de mais nada, para entender por que jogar é parte da humanidade.

Os aspectos sociais e culturais por trás das histórias dos jogos – tanto analógicos quanto digitais – explicam muito mais sobre alguns comportamentos do que apenas a função de entretenimento que é constantemente atribuída a eles. Conhecer a história dos jogos e o papel fundamental que eles têm no desenvolvimento da sociedade desde os primórdios das organizações humanas é adentrar na grande esfera da cultura –crenças, valores, tradições e muito mais – que os define.

Então, neste capítulo, vamos explorar o conceito de *jogo*, sua história, seus elementos culturais e sua relação com as sociedades.

umpontoum
Definição de *jogo*

Pensar na definição de *jogo* exige um passeio pela história, quase uma jornada descrita em narrativas – o tempo, o espaço, os personagens, o narrador e o enredo – de bons *videogames*. Começando pelo ponto de vista da linguística, de acordo com Beaven (2008), devemos observar que a palavra *jogo* é derivada da palavra *jocus*, do latim, e originalmente era um termo utilizado no sentido de "divertimento" ou "gracejo". Cabe notar, ainda, que essa palavra é um uso vulgar da palavra *ludus*, a raiz da palavra *lúdico*, que significa "recreação".

Se pensarmos por essa perspectiva, perceberemos que a palavra *jogo*, no decorrer do tempo, realmente manteve seu significado, pois ainda faz referência a um momento de diversão e entretenimento. No entanto, essas não são as únicas funções de um jogo.

Consideremos, por um instante, dois exemplos recentes. Primeiramente, reflita sobre o conhecido jogo Monopoly, aquele com o dinheiro, os terrenos e a discussão sobre quem deve o valor do aluguel para quem. Há registros de que sua história começa ainda em 1903, quando Lizzie Magie criou um jogo que pudesse explicar os benefícios obtidos com o recebimento de taxas de locais administrados por seus donos, sem monopólios (Brady, 1974).

Com o jogo The Landlord's Game (algo como "O Jogo do Senhorio", em tradução literal), Magie, que era contra os monopólios, queria explicar quais eram os problemas de corporações privadas. Em 1906, de acordo com Brady (1974), depois de ser patenteado, o jogo começou a ser distribuído com duas regras principais: um ambiente em que todos eram recompensados cada vez que se gerasse riqueza e um ambiente em que o monopólio era incentivado.

A partir da proposição desse conceito, muitos outros jogos começaram a ser desenvolvidos com base na ideia de compra e venda de propriedades, de troca e hipoteca de locais. Porém, conforme Brady (1974), foi na década de 1930 que os Parker Brothers, uma empresa de brinquedos e jogos, comprou os direitos da patente de Magie por algo em torno de 500 dólares. A partir daí, o jogo tomou cada vez mais a forma que conhecemos hoje, com suas propriedades baseadas em Atlantic City, uma cidade do Estado de New Jersey.

Inicialmente, Monopoly era um jogo reflexivo. Criado antes da Primeira Guerra, foi durante a Segunda Guerra Mundial que o jogo realmente ganhou outra função, uma inimaginável: o Serviço Secreto Britânico criou uma edição especial para prisioneiros de guerra que eram mantidos pelos nazistas. Segundo Heussner (2009), dentro da caixa, escondidos entre as peças do jogo, estavam mapas, bússolas, dinheiro real e outros itens úteis para uma fuga bem planejada. Assim, falsas organizações de caridade doavam os jogos para os prisioneiros, que tinham uma oportunidade de sobrevivência. Interessante, não?

O segundo jogo que vamos utilizar como exemplo, agora mais contemporâneo, foi criado oficialmente em 1995: Klaus Teuber criou o jogo Catan, que anteriormente era conhecido como Colonizadores de Catan. Com mais de 25 milhões de jogos vendidos, como informa Curry (2009), o jogo se baseia em gerenciamento de recursos, que incluem troca e compra de itens, para o desenvolvimento de povoados. Assim, enquanto Monopoly se pauta no uso de dinheiro e na compra e venda de terrenos, Catan conta com o uso de recursos adquiridos em cada turno.

Catan já foi publicado em mais de 30 idiomas ao redor do mundo, incluindo português brasileiro, o que mostra sua qualidade e potencial. Além disso, o jogo é tão popular que dispõe de várias expansões, com focos em diferentes recursos, e também de variações para computador e celular (Curry, 2009).

Esse jogo alemão é um exemplo de jogo que trouxe o entretenimento para a sala de aula, pois seu criador queria que as pessoas compreendessem melhor sobre finanças e a forma como a economia realmente funciona. Atualmente, há muitas pesquisas desenvolvidas e planos de aula disponibilizados que mostram como esse jogo pode ser aproveitado no contexto escolar, sobretudo com um aproveitamento interdisciplinar e com base no desenvolvimento de oratória e lógica, por exemplo, ao mesmo tempo que novas habilidades são aprendidas.

Com esses dois exemplos, podemos voltar à reflexão inicial de que, apesar de a origem da palavra *jogo* estar associada a uma ideia de diversão e entretenimento, Monopoly e Catan evidenciam que os jogos podem ir muito além. Ambos tinham um propósito maior de permitir que as pessoas se engajassem em situações reais retratadas por meio do jogo.

Nessa perspectiva, então, é importante perceber que conhecer a história de um jogo de uma forma mais profunda pode ajudar a escolhê-lo mais adequadamente. Essa é uma questão que vale tanto para os jogos analógicos, com dados ou tabuleiros, quanto para os jogos digitais, de cartas e de interpretação.

Em consonância com essa visão, Alves (2015) nos convida a refletir que, mais do que a linguística, a definição do que é um *game* tem raízes culturais e sociais, que se encaixam nas perspectivas da sociedade. A autora tece seu comentário com base na reflexão de Ludwig Wittgenstein, importante filósofo austríaco que foi responsável pela influência linguística nessa área: não é um trabalho simples ou fácil utilizar a linguagem para definir as coisas.

Tomando Monopoly e Catan como exemplos, como mencionado anteriormente, podemos dizer que estes são jogos competitivos que têm aspectos econômicos como eixo central, mas essa descrição sequer dá conta de indicar a complexidade que se esconde por trás de peças e regras. Não se trata apenas de um tabuleiro de papelão e pessoas reunidas para jogar.

Para definirmos o que é um jogo, além da significação pelo viés linguístico proposta neste capítulo, Alves (2015, p. 18) nos sugere a observação de diferentes teorias e áreas de conhecimento, concluindo que

> *Todas as teorias partem do mesmo ponto, acreditando que o jogo se encontra conectado a algo além do próprio jogo, atribuindo a ele alguma função biológica. Uma das teorias atribui ao jogo o papel de preparar o jovem para as tarefas que mais tarde ele terá de executar e aqui encontramos evidências de que os* games, *nas diferentes culturas, contribuem para o processo de aprendizagem.*

A linha de pensamento de Alves (2015) reforça nossa análise inicial acerca de Catan, por exemplo, que se vale de elementos reais de finanças e trocas. Visto que a classificação etária do jogo é 12 anos, os jovens jogadores de Catan realmente poderiam apropriar-se de habilidades econômicas apenas com a participação numa partida do jogo. Entretanto, o elemento da criticidade é fundamental para que isso se desenvolva adequadamente, como veremos nos próximos capítulos.

Vale refletir, também, sobre o que Boller e Kapp (2018) comentam ao propor a pergunta "O que é um jogo?". Os autores ressaltam que, de forma alguma, é algo fácil de se definir, retratando a mesma dificuldade apontada por Alves (2015): há muitas definições possíveis para o termo *jogo*.

> *Afinal, eles incluem desde atividades muito simples como jogo da velha e de cartas (como buraco ou pôquer) até os de tabuleiro (como Monopoly e Combate), os de celular (como Angry Birds), os de console (como a série Assassin's Creed), além daqueles de maior escala e bem mais complicados, cujos mundos são gerados por computador, como World of Warcraft ou o EVE on-line. De fato, os jogos envolvem até mesmo competições esportivas ao vivo, como o futebol ou o lacrosse.* (Boller; Kapp, 2018, p. 13)

Aprofundando o que Alves (2015) menciona, Boller e Kapp (2018) vão além e elencam os elementos que fazem um jogo ser um jogo:

a. **Objetivo** – A principal diferença entre um jogo e uma brincadeira está no objetivo. Se crianças estão correndo juntas durante o intervalo, é apenas uma brincadeira. Porém, quando elas decidem "correr até o outro lado da quadra", um objetivo é estabelecido e a brincadeira passa a ser um jogo.

b. **Desafio** – Ter um desafio é fundamental para o equilíbrio de um jogo. Se for muito difícil, implicará a desistência; se for repetitivo, acarretará o tédio. Assim, o desafio é diretamente proporcional ao grau de motivação e empenho.

c. **Regras** – Se há um objetivo, é necessário estabelecer regras para que este seja alcançado. Contudo, as regras devem ser fáceis de entender e trazer especificidade para o jogo; caso contrário, podem desmotivar o jogador.

d. **Interatividade** – A interação aqui é muito associada à ideia de jogador com outro jogador; no entanto, a interação é com o computador, com o jogo, com os outros jogadores e consigo mesmo. A interatividade define, muitas vezes, o nível de engajamento dos jogadores.

e. **Ambiente de jogo** – O ambiente de jogo é definido pelas regras, pelo objetivo e pelos desafios. Um jogo como Catan ou Monopoly, por exemplo, não se limita apenas ao tabuleiro, mas ao espaço criado pelos jogadores por meio de sua interação.

f. *Feedback* – Saber se alguém ganhou ou perdeu é emocionante, claro, mas é incrivelmente mais estimulante acompanhar esse progresso até a vitória. Pense em Monopoly, por exemplo: comprar casas e hotéis, coletar aluguel e receber dinheiro são formas de *feedback* (comunicação que apresenta pontos positivos e negativos sobre algo, geralmente entre duas pessoas ou grupos, tal qual uma crítica construtiva) que o jogo mesmo promove.

g. **Resultados mensuráveis** – Considere que é necessário medir de alguma forma. Catan e Monopoly realmente dependem de pontuação (ou dinheiro, no caso), mas há outros jogos que dependem de se chegar ao final do tabuleiro, coletar um número definido de recursos, e assim por diante. O importante é poder mensurar tal resultado.

h. **Reações emocionais** – Quem nunca se chateou por pagar todo o seu dinheiro e mais algumas hipotecas no Monopoly para aquela pessoa que comprou todas as propriedades? Essas reações emocionais tornam os jogos mais imersivos e estimulantes. Todavia, como bem lembram Boller e Kapp (2018, p. 16), existe uma preocupação daqueles que criam um jogo em "não promover reações indesejadas".

Vamos retomar o que sabemos sobre Monopoly e analisá-lo com base no que Boller e Kapp (2018) elencam como elementos do jogo. Veja o Quadro 1.1, a seguir.

Quadro 1.1 – Análise do jogo Monopoly com base nos elementos de Boller e Kapp (2018)

Elemento	Análise de Monopoly
Objetivo	Comprar propriedades e serviços, casas e hotéis, arrecadar fundos por meio de aluguel, venda e sorte e revés.
Desafio	A compra de propriedades depende de sorte (rolagem de dados), bem como a arrecadação de fundo (parar na propriedade comprada com casas/hotéis).
Regras	Ter entre 2 e 8 jogadores; definir quem vai administrar o banco; distribuir 1.500 para cada jogador; rolar o dado para definir quem começa (valor maior); rolar os dados para definir o número de casas do movimento; quando parar em uma propriedade, decidir entre comprar ou passar, ou pagar o aluguel devido para o dono da propriedade; comprar uma carta de sorte ou revés e cumprir o que é estabelecido; coletar 200 quando passar pelo ponto indicado.
Interatividade	O jogo exige no mínimo 2 jogadores, então há interação entre eles, o tabuleiro e o banco. A interatividade depende da habilidade de negociação, compra, venda e troca.
Ambiente de jogo	Além do tabuleiro, o espaço de negociação e interação entre os jogadores.
Feedback	O recebimento de aluguel cada vez que alguém parar em uma propriedade de outro dono, seja ela vazia, com casas ou hotel. O jogador que não tem dinheiro para arcar com suas despesas acaba saindo do jogo. Acúmulo de lucros ou dívidas.

(continua)

(Quadro 1.1 – conclusão)

Elemento	Análise de Monopoly
Resultado mensurável	O ganhador é aquele que acumular o maior número de monopólios e tiver o maior lucro acumulado na partida.
Reação emocional	É comum participantes se sentirem frustrados por pagarem aluguéis constantemente ou por não terem dinheiro o suficiente e precisarem hipotecar suas propriedades. Por outro lado, como é um jogo que depende de sorte, mesmo o pagamento de algumas taxas no início podem levar ao sucesso progressivo, o que se torna motivador.

FONTE: Elaborado com base em Boller; Kapp, 2018.

Importante!

Se analisarmos Monopoly com base na proposta dos elementos de um jogo, como Boller e Kapp (2018) indicam, podemos afirmar que ele é, de fato, um jogo. Apesar de as regras terem mudado no decorrer do tempo, como apresentado no começo do capítulo, a essência da ideia ainda permanece: um jogo cujo foco está no acúmulo de capital e de monopólio, movido pela interatividade dos jogadores com o tabuleiro e com os demais jogadores.

Apesar de termos começado nossa reflexão por dois jogos do século XX, é de grande valia revisitarmos o passado ainda mais e entendermos o que se sabe sobre os primeiros jogos criados pela humanidade. Será que eles também apresentavam os elementos citados por Boller e Kapp? Ou, quem sabe, tinham a conexão com o desenvolvimento, como proposto por Alves (2015)?

umpontodois
A historicidade do jogo

Tendo em vista as definições de *jogo* que vimos até agora, podemos salientar que, assim como a finalidade dos jogos evoluiu com o passar do tempo, as perspectivas sobre eles também. Não é de surpreender que muitos jogos que ainda fazem parte de nossa vida tenham surgido no período entre as grandes guerras ou logo depois, no século XX. Pense em jogos como War (baseado no jogo americano Risk, de 1971), Jogo da Vida (de 1940) e Detetive (também conhecido como Clue ou Cluedo, de 1943), que surgiram como formas de entreter, explicar e até explorar a realidade do que aconteceu na Segunda Guerra.

Mas esse não é o único século marcado por invenções de jogos – apesar de autores como Edwards (2014) considerarem que a era de ouro dos jogos de tabuleiros tenha sido entre 1880 e 1920, sobretudo nos Estados Unidos. Na realidade, os jogos nunca "saíram de moda", por assim dizer. Eles são parte da história da humanidade desde que os humanos encontraram novas formas de interagir com o mundo a sua volta.

Vamos voltar um pouco mais de 4 mil anos no passado e visitar o Egito Antigo, onde o jogo Senet já aparecia em pinturas e registros dentro das pirâmides. Em suas pesquisas, Crist,

Dunn-Vaturi e Voogt (2016) indicam que o registro mais antigo de Senet de que se tem notícia data de 2620 a.C. e foi encontrado em um complexo de tumbas chamado Mastaba de Hesy-re, que serviu como tumba do oficial Hesy-re durante a terceira dinastia.

O jogo originalmente consistia em 30 quadrados organizados em 3 fileiras, nos quais 2 jogadores deveriam posicionar peões. Não se sabe muito sobre as regras do jogo, mas Soubeyrand (1995), uma estudiosa da cultura dos jogos de tabuleiro, acredita que o jogo era apenas para entretenimento até passar a adquirir um simbolismo ritualístico. Não à toa, foi localizado na tumba de um oficial, entre outros tantos registros pelo Egito.

Não muito longe dali, o arqueólogo Leonard Woolley encontrou um jogo durante as escavações do Cemitério Real de Ur, no Iraque. O Game of Ur, por conta do local onde foi encontrado, data de cerca de 2400 a.C. e, surpreendentemente, era muito disseminado entre todas as classes sociais e outras localidades distantes, como Creta e Sri Lanka, segundo Priyadershini (2015).

Especula-se que a proposta era uma competição entre dois jogadores, combinando elementos de estratégia e sorte. No começo da década de 1980, curadores do Museu Britânico traduziram uma tábua de argila, datada aproximadamente de 177 a.C., escrita por cidadãos da Babilônia, que continha regras de como o Jogo de Ur era jogado naquele período.

A ideia geral do jogo, de acordo com as regras que foram encontradas, era mover sete peões ao longo do curso de todo o tabuleiro, antes do outro oponente. O modo de se mover pelo tabuleiro era a rolagem de dados, um traço ainda muito presente.

Vale destacar que existem algumas evidências de que esse jogo, além de entretenimento, era usado para apostas, mas não há muitos vestígios que atestem isso.

Já na China, no período que se estima ter sido a Dinastia Han (entre 200 a.C. e 220 d.C.), conforme Priyadershini (2015), foi encontrado o jogo Liubo (escrito originalmente como 六博). Não se sabe quando o jogo foi inventado, mas há registros de lendas do século II que fazem menção ao tabuleiro.

Assim como ocorre com os demais jogos, não se conhecem exatamente as regras ou as funções dele, e muito do que se encontrou a respeito de Liubo é conflitante, o que mostra que as regras variavam de acordo com o local e a época em que era jogado. No entanto, especula-se que o jogo consistia em uma corrida entre dois jogadores, o que parece repetir o padrão de Senet e Game of Ur. Com base na rolagem de dados, novamente, os jogadores moveriam suas peças sobre o tabuleiro (Priyadershini, 2015).

Fato interessante é que, em 2019, o Instituto Americano de Arqueologia publicou uma notícia informando que haviam sido descobertos na tumba do Marquês de Haihun mais de mil papiros de bambu, nos quais constam as regras e variações de Liubo (Lost..., 2009).

Na mesma linha que Senet, Liubo era jogado sobretudo por soberanos, como reis, imperadores e oficiais. Isso demonstra que havia, talvez, um intuito de entreter e divertir aqueles que comandavam, por exemplo, enquanto o Jogo de Ur era para todos e permitia, até mesmo, apostas.

Outro jogo que merece nossa atenção, mesmo sendo mais contemporâneo se comparado aos demais, é o xadrez. Popular no século XV na Europa, há estudos que mostram que o xadrez é uma cópia ou adaptação de jogos de origem persa ou indiana. Além disso, há menções dele no *Libro de los juegos*, que pertencia ao rei Afonso X de Castilha, Galicia e Leon, escrito no século XII (Bird, 2004).

Vale ressaltar que as peças desse jogo, que não depende de sorte e dados, mas de pura estratégia, representam a sociedade no período medieval e na Renascença, sobretudo por conter reis e rainhas. Assim, ele nasceu como um jogo que fazia parte da cultura dos nobres, da monarquia (Bird, 2004).

No mesmo período do século XV, estima-se que o tarô teve suas origens com base em um jogo de cartas de uma região da Itália. Apesar de ter adquirido, assim como o Senet, um perfil ritualístico e divinatório, era usado para divertir e entreter. O primeiro relato de que se tem notícia sobre seu uso para adivinhação e predição (cartomancia) é datado de 1750 (Decker; Depaulis; Dummett, 2013).

Apesar de esses jogos se destacarem por terem características que imperam ainda, mesmo 4 mil anos depois, como a rolagem de dados e o movimento de peões, cabe destacar que eles cumpriam (e ainda cumprem) papéis importantes na sociedade.

umpontotrês
As relações entre jogos e sociedade

Se pensarmos nos jogos que comentamos até agora, tanto os antigos quanto os mais recentes, podemos pensar em dois padrões comuns: o uso de dados e o caráter ritualístico. E eles condizem com as necessidades humanas no decorrer do tempo, bem como com a cultura ou característica que uma sociedade expressa. Se entendermos a cultura como o conjunto de tradições, crenças e valores de uma sociedade, por exemplo, os jogos podem ser considerados uma forma de expressão dessas características.

Pensando-se nesse ponto, como mencionado por Kalman (2009) e Botton (2018), é possível afirmar que a cultura é a roupa que as pessoas vestem, a comida que está em suas mesas no café da manhã, as histórias que elas contam e vivem e até mesmo a representação da imaginação por meio de artefatos, como uma música, um filme ou os jogos, de que aqui tratamos.

Como Botton (2018) bem enfatiza, a cultura é a demonstração de tudo o que somos, por isso a relação entre os jogos e a sociedade está fundamentada na cultura que é expressa por meio desse recurso. O rolar de dados, o observar pedras, cada ato dentro de um jogo tem um significado que é parte de uma manifestação cultural.

Preste atenção!

De caráter ritualístico, jogos como tarô e Senet nos lembram que a curiosidade pelo futuro sempre foi um elemento intrínseco à realidade humana, significativamente revelada em aspectos culturais, como tradições e crenças coletivas. Outros jogos nessa linha, que têm um perfil divinatório ou de previsões, também fazem parte dessa coleção, como o de búzios, muito marcante nas manifestações culturais africanas, e o de runas, bom exemplo das expressões culturais da Escandinávia.

É interessante observar que, diferentemente dos demais jogos, a função desses jogos é uma conexão estabelecida pela humanidade com o seu lado espiritual, na busca de conselhos a respeito das escolhas para o futuro ou das melhores ações a serem tomadas. Se pensarmos na literatura antiga e nos mitos gregos, podemos entender que esse misticismo envolvendo os jogos sempre esteve presente – basta pensar que as Olimpíadas tinham igualmente uma finalidade ritualística, em honra a Zeus, o deus dos deuses.

Considerando-se agora a sorte nos dados, estipula-se que eles fazem parte da sociedade e são utilizados desde 3000 a.C. O mais curioso é que, inicialmente, os dados também tinham a função divinatória, passando a ser utilizados como um elemento de jogo anos mais tarde (McGonigal, 2012).

Jane McGonigal (2012), *designer* de jogos e pesquisadora da área, retoma as palavras do filósofo e historiador antigo Heródoto, segundo o qual os jogos de dados, em particular, foram inventados no reino de Lídia durante um período de fome. Para amenizar a situação, havia sido instituída uma lei que determinava que as pessoas comeriam em um dia e jogariam com os dados no dia seguinte. Assim, por estarem muito envolvidas, não sentiriam fome – um fato que pode ilustrar como os jogos estão fundamentados significativamente em questões financeiras, culturais e sociais.

Para a pesquisadora, como discutiremos mais adiante neste livro, essa forma de jogar para lidar com a fome não é diferente do que as pessoas fazem ainda hoje. Muitas pessoas, sobretudo os jovens, estão imersos em mundos diversos porque é mais fácil lidar com eles do que com a realidade que os cerca, seja em jogos virtuais, seja em jogos de tabuleiro.

Os primeiros dados, de acordo com as pesquisas na área de antropologia e arqueologia, eram feitos de chifres ou ossos de animais. Muitas vezes, suas faces tinham desenhos em vez de números, e é possível encontrar menções ao uso de dados até mesmo na Bíblia (McGonigal, 2012).

Atualmente, o dado mais comumente usado é o dado padrão de seis faces, numerado de 1 a 6. Porém, não é o único. Jogadores de *Role-Playing Games* (RPGs), que são jogos de interpretação de personagens que se baseiam na contação de história e na imaginação, usam dados de 4, 6, 8, 10, 12 e 20 faces.

Conforme a humanidade avançou, a forma de jogar e lidar com jogos também foi mudando, pois houve mudanças em termos de tradições, costumes, alimentação, linguagens e todos os outros âmbitos da vida. Por isso, podemos entender que, com o advento da tecnologia, principalmente com a criação dos meios de comunicação, os jogos também migraram de lugar. Em vez de participar em jogos fisicamente, passou a ser possível o envolvimento por meio de transmissão de rádio e, depois, na televisão. E, é claro, com os primeiros computadores, tornou-se fácil jogar mesmo na falta de espaço.

Dessa forma, percebemos que os jogos permeiam a sociedade e são uma representação cultural dela há mais de 4 mil anos, sempre alternando seu papel conforme a necessidade do uso que a humanidade faz deles, seja por valores comportamentais, seja simplesmente por motivos religiosos, por exemplo. Assim, todos os jogos têm algo a ensinar para aqueles que têm algo a aprender.

Síntese

Neste capítulo, vimos que...

A palavra *jogo* tem diferentes significados, que mudam de acordo com a perspectiva, a teoria ou o uso da palavra. Diferentes estudiosos têm diferentes maneiras de entender o termo, mas destacamos duas principalmente. Alves (2015) entende o jogo como algo maior do que o próprio jogo, que se conecta com a humanidade por meio das habilidades a serem desenvolvidas, até em âmbito biológico – vimos que jogos como Catan atendem ao que a autora propõe, pois têm a finalidade de ajudar os jovens a compreender melhor o funcionamento de finanças. Já Boller e Kapp (2018) elencam os elementos que fazem um jogo ser um jogo, a saber: objetivo, desafio, regras, interatividade, ambiente de jogo, *feedback*, resultados mensuráveis e reação emocional.

Os jogos existem há mais de 4 mil anos. Exemplos do Egito, do Iraque e da China nos mostram que os jogos fazem parte da história da humanidade desde sempre e que jogos como Senet, Game of Ur e Liubo carregam as marcas desse período consigo – jogos das classes mais abastadas ou de toda a população, os elementos dos jogos e os recursos utilizados para jogá-los, os registros históricos, entre outras. Apesar da falta de um manual de regras como aqueles que os jogos modernos têm, especula-se quais seriam muitas das funções desses jogos, como diversão e apostas.

A humanidade tem uma longa relação com os jogos. Essa relação, quer tenha a finalidade divinatória que o tarô ou as runas apresentam, quer seja apenas para o entretenimento, como Monopoly e xadrez, indica que a humanidade busca nos jogos um apoio em sua caminhada. Até hoje, os jogos são utilizados como uma forma de escapismo, de ensino, de divertimento, de previsão e/ou de ludicidade.

Atividades de autoavaliação

1. Leia a descrição a seguir do jogo Candy Land, um jogo de tabuleiro para crianças a partir de 3 anos:

> Os jogadores devem percorrer o caminho colorido até chegar ao castelo a partir da indicação da roleta, que é girada no começo do turno.

Considerando-se o que foi elencado por Boller e Kapp (2018), esse trecho se refere a qual elemento?

a. Desafio.

b. Regras.

c. *Feedback*.

d. Resultado mensurável.

e. Interatividade.

2. São características comuns aos jogos Monopoly e Senet:

I. Rolagem de dados

II. Movimento de peões

III. Tabuleiro com espaços

IV. Compra e venda de propriedades

Assinale a alternativa que apresenta a resposta correta:

a. I e II.

b. II e III.

c. I, III e IV.

d. I, II e III.

e. Todas as alternativas.

3. A definição dada por Alves (2015) para o termo *jogo* se baseia em:

a. uma definição linguística, que se traduz por meio da origem da palavra em latim.

b. uma definição psicológica, que considera o jogo como um momento de interatividade.

c. uma definição filosófica, que se traduz naquilo que a humanidade precisa em função de uma atividade lúdica.

d. uma definição multiteórica, que inclui elementos como *feedback*, ambiente de jogo e objetivo.

e. uma definição multiteórica, em que o jogo se encontra ligado a algo além dele mesmo.

4. Assinale com (V) verdadeiro ou (F) falso as assertivas a seguir de acordo com o que pode ser inferido após a leitura do capítulo:

( ) A era de ouro dos jogos é marcada sobretudo por mudanças estruturais significativas nos tabuleiros, entre 1980 e 2020.

( ) Especula-se que os primeiros jogos da humanidade, que foram datados de quase 3.000 anos a.C., tinham finalidades de entretenimento e ritualísticas.

( ) Recentemente, foram encontradas evidências das regras do Game of Ur em papiros de bambu.

( ) Uma das grandes utilidades dos jogos está ligada ao misticismo e à busca por respostas, traço que explica a relação dos jogos com a cultura.

( ) Os dados estão presentes na história da humanidade há mais de 5 mil anos.

Agora, marque a alternativa que apresenta a sequência correta:

a. V – V – V – F – F.

b. F – F – F – V – V.

c. F – V – F – V – V.

d. V – F – V – F – V.

e. V – F – V – V – F.

5. Qual dos jogos listados a seguir é um dos que tiveram maior destaque no século XV, cuja função deixou de ser meramente o entretenimento e que ainda perdura no século XXI?

a. Tarô.

b. Xadrez.

c. Liubo.

d. Catan.

e. Detetive.

Atividades de aprendizagem

Questões para reflexão

1. Por que jogos ritualísticos divinatórios fizeram e fazem parte da história da humanidade? Reflita sobre essa questão com base na leitura do capítulo.

2. Escolha um jogo e pesquise sua história, identificando se houve alterações em suas regras. Como a relação entre jogo e sociedade provocou mudanças?

Atividades aplicadas: prática

1. Escolha um jogo qualquer, analógico ou digital, que você conheça e analise os elementos que o compõem com base na concepção de Boller e Kapp (2018): objetivo, desafio, regras, interatividade, ambiente de jogo, *feedback*, resultados mensuráveis e reação emocional. Use como modelo o Quadro 1.1, referente ao jogo de tabuleiro Monopoly, descrevendo cada elemento.

Elemento	Análise
Objetivo	
Desafio	
Regras	
Interatividade	
Ambiente de jogo	
Feedback	
Resultado mensurável	
Reação emocional	

2. Escolha um jogo que possa ser jogado com duas ou mais pessoas. Durante a partida, anote as reações emocionais que os objetivos, as regras, os desafios e os *feedbacks* provocam nos participantes. Relacione cada um desses quatro elementos com as reações observadas, pontuando se há mais aspectos positivos do que negativos, como no caso de as pessoas estarem mais frustradas do que empolgadas, o que acarreta a desistência.

um	Concepções sócio-históricas dos jogos e *games*
# dois	Gamificação e a lógica dos *games*
três	Gamificação na geração e na mediação do conhecimento
quatro	Gamificação na educação
cinco	Gamificação e o ensino de Língua Portuguesa
seis	Experienciando a gamificação

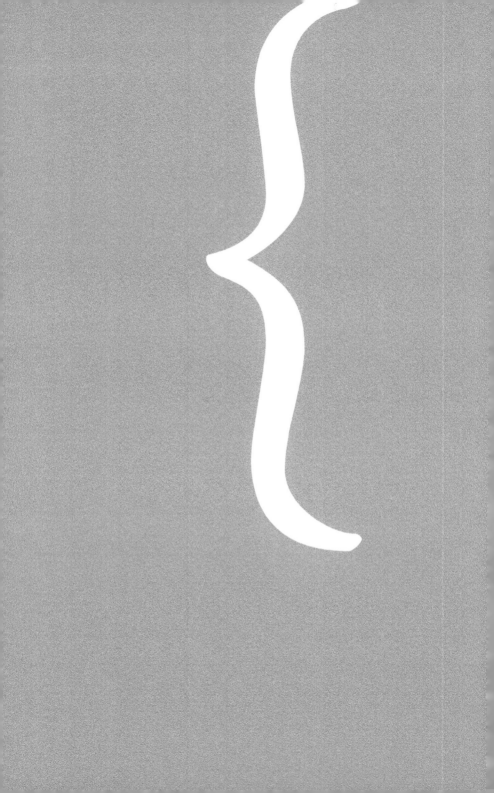

"Certo, estive pensando: quando a vida te dá limões, não faça limonada! Faça a vida levar os limões de volta! Fique bravo! Eu não quero seus malditos limões! O que eu devo fazer com eles?"

(Cave Johnson, Portal 2, Valve Corporation, 2011)

NO PRIMEIRO CAPÍTULO, nosso foco foi examinar a história dos jogos até a contemporaneidade. Ao final, destacamos os aspectos tecnológicos e o modo como eles influenciaram o progresso para a transposição do ambiente analógico para o digital por meio dos *videogames*.

Neste capítulo, avançando um pouco mais na história e explorando a importância dos jogos digitais, vamos analisar qual é a lógica dos *games* e o que é a chamada *gamificação*. Partiremos do princípio de que tudo o que vimos até aqui é a base para esse método ou exercício e que ele pode ser aplicado nos mais variados contextos, sobretudo na educação.

doispontoum
A lógica dos *games*

É possível que, 5 mil anos atrás, quando um oficial da dinastia egípcia estava jogando Senet, ele não se perguntasse qual era a lógica por trás disso. Na verdade, é pouco provável que a palavra *lógica* já existisse como a empregamos atualmente – mesmo porque o conceito tem várias vertentes e vieses de análise.

No entanto, com a modernidade e a curiosidade da humanidade em saber como as coisas realmente funcionam, os jogos dos séculos XX e XXI são baseados numa linha de raciocínio lógico, não necessariamente desenvolvendo essa habilidade, mas concretizados sobre a ideia de que há um conjunto de regras e objetivos que baseiam um *game*.

Retomemos, por um momento, o exemplo de Monopoly. Se você se lembra do que discutimos, ele foi criado para ensinar às pessoas por que era ruim a ideia de um monopólio. Podemos dizer que, no momento de sua criação, Monopoly seguia a lógica da prática e das finalidades educacionais, incorporando conceitos que deveriam, de acordo com a autora do jogo, ser aprendidos.

Por outro lado, quando ele teve seus direitos comprados e foi divulgado amplamente como um jogo de entretenimento com base em compra e venda de terrenos, com a criação do monopólio para o qual Lizzie Magie queria chamar a atenção, teve sua lógica invertida. O jogo deixou de ter uma lógica prática para ter uma lógica estratégica de comprar, vender e trocar para a obtenção de lucro, além da finalidade de ser prazeroso.

Monopoly é um exemplo perfeito de como a lógica dos jogos pode mudar com o tempo e mesmo em um curto período. Não demorou cem anos para que a lógica desse jogo mudasse; então, podemos imaginar como a lógica se transformou com a evolução da sociedade, da cultura e das necessidades das pessoas. É possível, até mesmo, que a lógica de Senet sequer fizesse sentido para a sociedade contemporânea, se pudéssemos conversar com alguém que teve a oportunidade de jogar no Egito Antigo.

Traçando um paralelo com o que vimos anteriormente, podemos afirmar que os jogos sempre foram criados com um objetivo e uma função, além dos demais elementos elencados por Boller e Kapp (2018). É uma boa reflexão pensarmos que, em algum momento, uma mudança na sociedade ocorreu e o conceito do que é lógico também mudou, o que afetou os jogos de forma geral.

Por exemplo, com a ascensão das tecnologias, principalmente as digitais, os ambientes de jogo, que se limitavam apenas ao tabuleiro ou ao campo, passaram a se expandir para as telas de televisores, as ondas do rádio e, é claro, para o controle e o computador. Jogadores e espectadores tiveram seus papéis misturados, pois podiam estar num campo de futebol, no meio da Copa do Mundo, diretamente de sua casa.

Mais do que isso: podiam estar no meio da Copa do Mundo com uma única tecla de seus computadores ou com o apertar de um botão de um controle colorido. E, de repente, o jogador assumia o papel de seu ídolo, correndo pela tela e **jogando um** jogo dentro do jogo. É assim, até hoje, com jogos como FIFA, Madden e NBA, simplesmente por simularem um esporte dentro do *videogame*.

2.1.1 Origens dos *videogames*

Apesar de essa ideia de jogo dentro do jogo ser maravilhosa e convincente para muitos, a história dos *games* teve um começo humilde e quase sem lógica. Inicialmente, como aponta Goldberg (2011), o termo *videogame* nasceu da concepção da transmissão de um sinal de vídeo para uma tela, o que era suficiente para um jogo da velha criado e testado como o primeiro jogo eletrônico com demonstração pública ainda em 1950.

A evolução e a lógica começaram a ficar cada vez mais evidentes com o lançamento do jogo Tennis for Two, em 1958, que foi o primeiro a ser criado com o propósito de entreter (Goldberg, 2011). Esse jogo, concebido para um computador analógico cuja tela era arredondada, consistia apenas em traços e pontos movimentados por um controle com nada mais do que dois botões.

Mas é em 1972, com o jogo Pong, que o capítulo mais importante da história dos *videogames* realmente começa. Assim como Tennis for Two, Pong era um jogo com traços e pontos que se movimentavam pela tela, com gráficos em 2D (duas dimensões). E por que ele revolucionou a indústria? Porque foi o primeiro jogo lançado comercialmente a obter sucesso, incentivando a criação de um ramo industrial apenas para dar conta de *design*, criação e lançamento de novos jogos. Foi assim que Pong definiu a primeira e a segunda geração de consoles (Goldberg, 2011).

2.1.2 As décadas de 1980 e 1990

Em 1980, com o crescimento dessa indústria, a terceira e a quarta geração de consoles trouxeram o Sega Genesis e o Nintendo Entertainment System, que vieram com força e abriram as portas para grandes jogos de sucesso: Pac-Man, Donkey Kong, Frogger, Prince of Persia, SimCity e Super Mario. Observe que todos esses jogos ainda estão "vivos", mesmo em pleno século XXI, como destaca Goldberg (2011).

Com a revolução da indústria dos *games* tomando conta, as grandes empresas de computador também começaram a se movimentar, e muitos dos jogos digitais receberam suas primeiras adaptações e até versões para PC – o computador pessoal, que já não ocupava uma sala inteira, mas tinha um espaço só para ele nas casas ao redor do mundo.

De acordo com Goldberg (2011), o jogo mais vendido dessa época, Super Mario Bros., foi lançado em 1985 e alcançou a incrível marca de 40 milhões de cópias vendidas, mas a (r)evolução se intensificou ainda mais na década de 1990.

A partir de 1990, com a quinta geração dos consoles, o destaque foram gêneros que tiveram um grande momento na época, como RTS (*Real-Time Strategy*, ou "estratégia em tempo real"), FPS (*First-person Shooter*, que são jogos de "tiro em primeira pessoa"), MMO (*Massive Multiplayer Online*, que consistem em jogos *online* com multijogadores) e jogos de luta. Conforme Goldberg (2011), jogos como Half-Life, Mortal Kombat, Street Fighter II, Super Mario World, Dungeons & Dragons, Resident Evil e EverQuest tiveram origem nessa época e são considerados clássicos do mundo dos jogos, muitos sendo lançados até hoje – como Final Fantasy, que já está no 15º jogo da série, e Pokémon, que foi uma das grandes atrações da época para os primeiros consoles móveis e é uma franquia forte até hoje.

2.1.3 A virada do século e a inovação

Já a primeira década do século XXI viu as gigantes Sony e Nintendo lançarem consoles de última geração, ao mesmo tempo que disputavam o espaço com a novata Microsoft no ramo dos jogos. Além disso, a década foi marcada por dois componentes que revolucionaram a indústria: o uso de física dentro dos jogos (que definiu o comportamento de líquidos e a reação de objetos, por exemplo, com base nas leis da física do mundo real) e a introdução da inteligência artificial.

Com a revolução tecnológica, os jogos ocuparam um espaço em que era possível ser e fazer qualquer coisa – músico famoso por um dia com Guitar Hero, advogado e investigador em Phoenix Wright: Ace Attorney, caçador de relíquias no deserto de Borderlands, cobaia de testes científicos em Portal ou qualquer coisa que se possa imaginar em World of Warcraft (WoW) e The Sims. A década abriu as portas para novos gêneros e subgêneros, reconfigurando o que já se sabia até então, com Super Mario abandonando o estilo clássico e sendo feito em 3D (três dimensões ou espaço tridimensional).

Mesmo com a Sony, a Nintendo e a Microsoft ainda liderando, o mercado da segunda década do século XXI abriu espaço para os *indies* – jogos feitos por pequenos desenvolvedores, sem apoio de grandes empresas, e que se tornaram grandes atrações, uma vez que divulgavam o trabalho de anônimos por um preço acessível. Observa-se, também, um movimento grande em relação à mobilidade e ao compartilhamento dos jogos, graças aos *smartphones*, aos *tablets* e à possibilidade de salvar jogos em nuvem. Destacam-se, entre 2010 e 2019, jogos como Dota 2, Minecraft, Fortnite e The Last of Us, bem como os *indies* Stardew Valley e Super Meat Boy.

Essa breve história dos *games*, que poderia exigir um livro inteiro para ser contada em detalhes, evidencia um aspecto importante sobre a lógica que mencionamos ainda no começo desta seção. Como apontado por Benthem (2014), a lógica dentro dos jogos compreende todos os exemplos que demos até agora, pois se trata de padrões recorrentes de interações diversas (sociais, culturais ou históricas, por exemplo).

Nessa perspectiva, a lógica dos jogos é o resultado, a noção que se forma com base na análise de como os jogos se articulam com a vida das pessoas, e não apenas na habilidade lógico-matemática que se supõe naturalmente.

É importante perceber que não é possível contar toda essa história sem pensar, mais uma vez, na relação entre jogo e sociedade à qual nos referimos ainda no primeiro capítulo. E, indo além, devemos notar que a discussão realizada até agora é base fundamental para o assunto que veremos a seguir: a gamificação.

doispontodois
As definições e expectativas acerca da gamificação

Saber sobre os gêneros e os muitos jogos no decorrer do tempo nos ajuda a entender alguns pontos sobre a gamificação. Mas, antes de entrarmos nesse assunto, vamos visitar um teórico que tem papel fundamental no desenvolvimento dos estudos da aprendizagem mediada por jogos digitais.

Em 2001, Marc Prensky, um autor e palestrante na área de educação com foco no ensino básico (K-12, em inglês, compreendendo da educação infantil até o ensino médio) publicou um livro chamado *Digital Game-Based Learning* (Prensky, 2007). Seu livro, que é considerado o guia universal sobre o tema, buscava apresentar ideias e estudos a respeito do uso de jogos para a aprendizagem, voltado ao desenvolvimento não apenas de crianças, mas também de adultos em ambientes militares e corporativos.

Para sustentar suas discussões, Prensky aponta inúmeras vantagens e estudos de caso sobre a aplicação dos jogos em contextos educacionais, inclusive listando as razões para os jogos de computador e de console serem tão imersivos, engajando milhares de pessoas:

1. *Eles nos dão diversão e prazer.*
2. *Eles nos dão um envolvimento intenso e passional.*
3. *Eles nos dão estrutura.*

4. *Eles nos dão motivação.*

5. *Eles nos dão ações.*

6. *Eles nos dão fluidez.*

7. *Eles nos dão aprendizado.*

8. *Eles nos dão gratificação para o ego.*

9. *Eles nos dão adrenalina.*

10. *Eles despertam nossa criatividade.*

11. *Eles nos dão grupos sociais.*

12. *Eles nos dão emoções.* (Prensky, 2007, p. 144, grifo do original, tradução nossa)

Com base na lista de Prensky (2007), reflita por um segundo: O que muda dessa lista para os elementos que Boller e Kapp (2018) listaram em relação aos jogos analógicos? Há uma diferença grande entre eles?

Não há diferença. A listagem de elementos de Boller e Kapp (2018), mesmo sendo aplicada a jogos analógicos, incluindo esportes, relaciona-se com todos os itens da lista de Prensky (2007) sobre os jogos digitais. Isso acontece, principalmente, porque qualquer jogo tem interatividade – mesmo no jogo individual, o jogador está interagindo com o jogo, com o computador.

> ## Preste atenção!
>
> A principal razão pela qual a aprendizagem mediada por jogos digitais funciona é a interatividade. E acredite: esse é um dos alicerces da própria gamificação. Um processo interativo transforma o ambiente e, como Prensky (2007, p. 147, tradução nossa) sugere, "pode, e deve, tomar muitas formas diferentes a partir dos objetivos de aprendizagem".

Faz sentido que a interatividade seja um fator da aprendizagem com jogos justamente por contextualizar, permitir a troca e o *feedback* quando interagimos com o outro. Como bem lembra Gee (2007), linguista e estudioso dos jogos digitais, a interação é um benefício, pois todos os aspectos do ambiente de aprendizagem devem encorajar uma aprendizagem que seja ativa e crítica.

Quando o autor se refere à aprendizagem ativa, entende-se que, como em um jogo ou na vida real, os conteúdos podem ser aprendidos por meio de práticas que proporcionem o encontro com a realidade. Por exemplo, em vez de um professor conteudista, que desenvolve aulas meramente discursivas, deve-se permitir uma prática *hands-on*, ou "mão na massa", para que o aluno possa aprender dentro de um contexto, com base na realidade.

Do mesmo modo, a aprendizagem deve ser crítica. Em outras palavras, a escola e os professores devem buscar formar um sujeito crítico, que esteja sempre indagando, contestando e buscando novas respostas. É importante deixar claro que o aluno deve, sim, poder formular suas hipóteses. Porém, é igualmente importante que o aluno tenha discernimento para distinguir o que é real do que é *fake* (falso), por exemplo, e sua habilidade crítica deve permitir que conteste sempre que julgar que algo está errado.

Assim, traçando um panorama sobre uma aprendizagem ativa e crítica, conforme as postulações de Gee (2007), podemos entender que é por meio da interação com o mundo, com os outros e consigo que o aluno é capaz de desenvolver e aprimorar tais habilidades. Na interação com o mundo, forma-se um sujeito crítico, que busca contestar e averiguar, com base em evidências, bem como um sujeito que toma a frente em sua aprendizagem, expondo-se às circunstâncias para aprender mais.

Com esses conceitos em mente, vamos explorar um pouco mais o que é a gamificação. Primeiramente, cabe observar que, para Alves (2015, p. 27), a discussão sobre *games* antes de se abordar a gamificação é adequada, pois "deve ser transposta [...] para [se] compreender a amplitude" da definição do termo. Deve-se, também, levar em consideração a aprendizagem crítica e ativa sobre a qual Gee (2007) discorre.

Como mencionamos, há muitos gêneros diferentes de jogos: *Role-Playing Game* (RPG), RTS, FPS, aventura, terror, lógica, desafios de quebra-cabeça, e assim por diante. Embora cada um desses gêneros tenha características únicas, há artifícios em comum entre eles que garantem seu funcionamento: as **mecânicas.**

Em outras palavras, os elementos de Boller e Kapp (2018) e a lista de Prensky (2007) nada mais são do que um retrato das mecânicas. São esses os elementos que "governam" e garantem o funcionamento do jogo, bem como a condição de que o jogador queira estar jogando. Assim, a gamificação é a transposição dessas mecânicas para fora do jogo e para dentro da sala de aula ou para um treinamento corporativo.

> ## Importante!
>
> Isso não significa fazer com que atividades normais pareçam um jogo fora do tabuleiro ou do computador, ou que as pessoas façam coisas que não gostam em troca de recompensa. A gamificação tem a interatividade e a motivação como pilares principais de sua prática e, como destacado por Burke (2015, p. 11), "envolve pessoas em um nível emocional".

Nessa mesma linha, Alves (2015) identifica algumas mecânicas dos jogos que condizem com a ideia da gamificação:

a. Desafio – Assim como definido por Boller e Kapp (2018)*, é o que faz com que o jogador siga em frente.

b. Sorte – Refere-se ao envolvimento do jogador ou do participante em uma situação de aleatoriedade.

c. Cooperação/competição – Diz respeito ao desejo de estar em interação com os outros, seja com o mesmo propósito, seja para a vitória individual.

d. *Feedback* – Consiste em respostas imediatas sobre o progresso, que permitem medir o avanço.

---

* Ver Capítulo 1.

e. **Recursos** – São itens ou objetos que devem ser coletados, armazenados ou utilizados para o progresso.

f. **Recompensa** – São os benefícios oriundos de determinadas ações ou situações, bem como as glórias de missões bem-sucedidas.

g. **Transações** – Constituem um mecanismo utilizado para estabelecer compra, venda e troca, não necessariamente com dinheiro real como moeda.

h. **Turnos** – Consistem nas jogadas alternadas entre um jogador e outro ou entre o jogador e o computador.

i. **Vitória** – É a condição daquele jogador ou daquele time (no caso de jogos cooperativos) em que se atinge o objetivo.

Em resumo, a gamificação depende dessas mecânicas (algumas delas ou todas, a depender do contexto). Um ambiente gamificado propõe um **desafio** com base no(s) objetivo(s) a ser(em) cumprido(s), na **colaboração** ou **competição** para o uso de **recursos e transações** a fim de cumprir esses mesmos objetivos. É por meio do *feedback* e das **recompensas** que os participantes sabem se estão no caminho. Assim como em grandes jogos de tabuleiro ou digitais, esses elementos tornam a experiência motivadora e engajadora, sem que a **vitória** seja, necessariamente, a coisa mais importante.

doispontotrês
A importância da narrativa na gamificação

Quando pensamos em um jogo que tem uma história, podemos entender que ela é construída por meio de uma narrativa. A narrativa nada mais é do que a "colisão" ou a "articulação" de personagens, espaço, tempo e enredo, que envolvem aquele que lê, joga ou ouve uma história pelo olhar do narrador. De acordo com Carstensdottir, Kleinman e El-Nasr (2019), as narrativas têm um impacto naqueles que estão em interação com elas, de modo a afetar a saúde, os comportamentos e os hábitos, por exemplo, das pessoas.

De certa forma, a narrativa é o que permite, segundo as autoras citadas, a análise e compreensão da história para uma possível replicação ou julgamento de certos comportamentos. Por exemplo, quando jogamos e estamos imersos na narrativa, podemos ter essa experiência de julgar, analisar e interpretar os passos, o que também pode (e seria ideal) ser transposto para a gamificação. É uma forma, afinal, de expor o aluno ao conteúdo e possibilitar sua reflexão.

Para Moser e Fang (2014), é no tempo, no espaço e nos personagens que o enredo se constrói, e é esse conjunto de elementos que, ao formar a narrativa, possibilita o uso de experiências para proporcionar a interação. Muitos jogos, como os RPGs, são completamente dependentes desse tipo de mecanismo de controle, aqui exercido pela própria narrativa, que dá o encaminhamento e o *feedback* necessário para o progresso do jogador.

Gancho (2010) nos incita a pensar em como a narrativa está presente em diversos momentos da vida, e sempre pautada nos cinco elementos principais. Sem um narrador ou personagens há buracos na história que não podem ser ocupados. Por outro lado, uma história que não aconteça em nenhum espaço ou tempo não deixa de ser uma narrativa – mesmo a ausência dessa definição é suficiente para mostrar que a inexistência de um tempo definido também é um tempo.

Assim, a narrativa é o fio condutor de muitos jogos, pois são os cinco elementos que, em conjunto, a tornam a manifestação que permite que os humanos descrevam, recontem e transmitam, de formas orais ou escritas, suas próprias histórias.

Conforme comentamos na seção anterior, **desafio**, **sorte**, **cooperação/competição**, *feedback*, **recursos**, **recompensas**, **transações**, **turnos** e **vitórias** são mecânicas comuns aos jogos e que podem ser transpostas para o momento gamificado. Contudo, não podemos seguir em frente sem nos aprofundarmos na narrativa, uma mecânica crucial dentro dos jogos, sobretudo do gênero RPG.

2.3.1 Os RPGs de mesa

Como vimos anteriormente, o gênero RPG se pauta na ideia de que os jogadores representam outras pessoas e criaturas, escolhendo seus rumos, destinos e ações. O RPG mais conhecido do mundo é, possivelmente, Dungeons & Dragons (D&D), chamado aqui no Brasil de Caverna do Dragão. Se você se lembrou do desenho animado do final dos anos 1980, é exatamente isso que faz com que ele seja um grande sucesso: você pode jogar D&D com folhas de papel e dados, no computador, no celular, com tabuleiro ou com livros literários guiados. E, se isso não for o suficiente, ainda pode assistir aos seus episódios, documentários e filmes.

Com um ambiente que transporta os jogadores para a Era Medieval, com dragões, monstros e muita mágica, esse RPG foi um dos que popularizaram o gênero, apesar de não ser o único nem o primeiro. O que faz as pessoas quererem jogá-lo por horas em um mesmo dia, durante anos, é a narrativa.

Gary Gygax e Dave Arneson lançaram D&D em 1974 como um RPG de mesa, como explica Girdwood (2019). Mas o que é um RPG de mesa?

Como relatamos, Pong, o primeiro jogo comercial de sucesso do mundo, foi lançado em 1972. Não havia ainda computadores pessoais ou uma forma ideal de jogar sem ser em um fliperama. Então, os RPGs de mesa, como D&D, não precisavam de muito mais do que uma mesa.

Como o próprio nome sugere, um RPG de mesa precisa de espaço, papel, lápis e dados. Os dados de 4, 8, 10, 12 e 20 lados que mencionamos ainda no começo do Capítulo 1 servem para sistematizar e aplicar as regras a dois elementos da narrativa: aos personagens e ao enredo. Ao rolar um dado, o mestre (que ocupa o papel do narrador, outro elemento da narrativa) ou o jogador definem o rumo da história, causando impacto em seus personagens e, também, na trama central.

Acompanhando um bom RPG, vemos que é necessário dispor de um livro que contenha o sistema de jogo. Assim como no mundo digital, há regras, objetivos e cenários nos quais o jogo acontece; desse modo, um sistema é esse conjunto de elementos descritos em um livro que tem como função guiar os jogadores. É nesse livro que estão descritos os passos que estabelecem os elementos de tempo, lugar e enredo da narrativa. Ele também permite que o mestre, figurando como o narrador-observador de cada detalhe, encontre respaldos para sua narrativa.

A grande diferença do RPG de mesa para os jogos de tabuleiro e os digitais é que tudo se passa no âmbito da imaginação. A história é narrada pelo chamado *mestre* – era essa a função do personagem Mestre dos Magos no desenho animado, aquele que reconta as histórias –, que é quem sabe todos os grandes segredos do jogo e que, sendo um elemento crucial da narrativa, a ocupar o papel do próprio narrador, assiste ao desenrolar de cada ação.

Preste atenção!

Com esse exemplo, podemos perceber que, embora seja ambientado na imaginação de cada jogador e do mestre, o jogo tem todos os elementos que compõem o gênero narrativo: os personagens comandados pelo mestre e pelos jogadores, o narrador figurado pelo mestre, o enredo do sistema ou da criação coletiva, o tempo e o espaço determinados para que a ação ocorra.

Retomando as palavras de Gancho (2010), concluímos que é a integração dos cinco elementos que fazem a narrativa ser o que é. Mas a autora também ressalta que é no enredo que estão os fatos e acontecimentos de uma *trama*, sendo essa palavra um bom sinônimo, assim como *intriga* e *ação*.

D&D tem tanto nome que abriu caminho para os RPGs que vieram depois dele, sejam eles de mesa, sejam eles em formato digital, possibilitando que novas narrativas fossem criadas sobre o alicerce de seu enredo, adaptado para outras "realidades". Os monstros, os personagens e os cenários são tão marcantes que muitos dos nomes que nasceram para a história desse jogo foram reaproveitados por vários outros.

2.3.2 Os RPGs japoneses e a fidelização

Em contrapartida, o Japão é responsável por grandes clássicos do gênero RPG, que fazem parte de um subgênero chamado JRPG, no qual a letra J é a abreviação de *japonês* (*Japanese Role-Playing Game*). Os JRPGs são jogos digitais com caraterísticas únicas, como história longa e profunda, cujo tema central é algo inspirador. Claro que nem todos seguem essa regra, mas é comum entre a maioria deles.

Para você entender melhor esse subgênero e a importância da narrativa, vou lhe contar a minha experiência. Eu jogo a mesma série de jogos, Persona, há quase 15 anos e, cada vez que um novo sai, eu quero comprá-lo imediatamente. Esse JRPG é centrado sempre em um protagonista que descobre a resposta para muitos questionamentos e é capaz de salvar o mundo com o poder da amizade e do amor. Você pode me perguntar: "Pois bem, se você sabe o que vai acontecer, por que você ainda joga?". A resposta é justamente essa: a narrativa das histórias da série me fidelizou.

Eu joguei Persona 5 porque Persona 4 era, até então, meu jogo favorito, e o mesmo aconteceu com os anteriores. É a história, com os elementos literários de progressão, de narrativa e de envolvimento, que me faz querer jogar o próximo. Aliás, é isso o que me faz ter a paciência que se exige para jogar um mesmo jogo por cem horas ou até mais! É como ler um livro ou assistir a uma novela, ansiando por conhecer o final, ter a emoção de ver os personagens evoluírem e atingirem seus objetivos.

O mais interessante é que o primeiro jogo de Persona começou como um *spin-off* de uma grande série japonesa de jogos sobre monstros das mitologias ao redor do mundo. Um *spin-off* é um produto que deriva de outro, seja um jogo, seja uma série, por exemplo. Só que Persona tomou proporções tão grandes que ele virou uma série independente com mais de 15 milhões de cópias vendidas, e seu último jogo, Persona 5 Royal, foi aclamado pela crítica e é considerado um dos melhores jogos de RPG de todos os tempos simplesmente por sua narrativa, cujo tema central é a corrupção no Japão (Reggy, 2021).

E jogar a série é realmente como assistir a um filme ou ler um livro: são diálogos, cenas animadas, trilha sonora... Essa combinação de fatores faz com que a narrativa puxe o jogador para dentro daquela história, de modo que ele se sinta parte do grupo de adolescentes japoneses que quer livrar Tóquio da ganância e da corrupção dos adultos.

Apesar de o foco desta seção estar em Persona, vários outros JRPGs merecem uma menção honrosa aqui, como Final Fantasy e Kingdom Hearts. Aliás, Kingdom Hearts é um trabalho aclamado pelo fato de seus personagens serem nada mais do que os personagens que Walt Disney criou – já pensou em ver princesas, Mickey e Donald salvando o mundo?

2.3.3 Os MMORPGs

Além do RPG de mesa e do JPRG, um subgênero muito popular e disseminado dos RPGs é o *Massive Multiplayer Online Role-Playing Game* (MMORPG), um RPG em ambiente *online* que reúne milhões de jogadores ativos ao mesmo tempo, em diferentes partes do mundo. O nome de maior destaque desse subgênero é World of Warcraft (WoW), que ainda continua vivo mesmo depois de quase 20 anos de existência.

Você pode se perguntar qual é a principal diferença entre os jogos. Podemos destacar que Persona é um jogo individual, o jogador está sozinho na jornada, enquanto D&D depende do esforço coletivo de três ou quatro pessoas. Por sua vez, os MMOs se chamam *massivos* porque realmente são massivos em tamanho e número de jogadores.

A origem de WoW também é muito parecida com a de Persona, afinal, ele começou com a série de jogos de estratégia em tempo real (RTS) Warcraft, lançada em 1994 para computador. Na história, o jogador comandava ogros ou humanos, que estavam em lados opostos da guerra. Com construções e armamento, sua principal missão era alcançar a vitória ao destruir o outro (World of Warcraft, 2022).

Esse legado é parte, até hoje, da história principal de WoW, que juntou tudo o que os jogadores já conheciam da narrativa central e transformou num universo gigantesco. A adaptação do RTS para o MMORPG foi lançada oficialmente em 2004, revolucionando a história ao permitir que o jogador escolhesse um lado da batalha, se juntasse a uma das facções (a Aliança ou a Horda) e criasse sua raça (de um lado, humanos, gnomos e anões; de outro, ogros).

Depois de escolher a facção e a raça, o jogador deve prosseguir para a escolha de sua classe: mago, guerreiro, xamã, paladino, ladrão e assim por diante. O mais diferente em WoW é que cada facção tem sua capital e os jogadores começam em locais diferentes do mapa (que é realmente grande) de acordo com a raça com que escolhem jogar. É possível, também, personalizar o personagem com cor dos olhos, formato da boca e outros detalhes.

Para enfrentar os chefões do jogo (*bosses*), os jogadores se organizam em grupos que variam entre 5 e, até mesmo, 40 jogadores de uma vez! No início do jogo, a interação era o único meio de encontrar outras pessoas, seja mandando mensagens na aba de bate-papo global, seja se juntando a uma guilda, um grupo de jogadores com objetivos afins.

Todos esses detalhes de WoW fazem dele um jogo realmente massivo, com 12 milhões de assinantes ao redor do mundo em seu ápice, e a interatividade sempre foi um dos pontos altos, segundo dados do *site* do próprio jogo (World of Warcraft, 2022). A razão para tudo isso é apenas uma, e aquela que vimos repetida até agora: a narrativa.

2.3.4 A narrativa como mecânica

Apesar de a narrativa não ser uma mecânica presente em todos os jogos digitais ou de tabuleiro, ela é crucial em outros gêneros, como jogos de aventura e terror. Porém, é nos RPGs que ela se destaca, como vimos nos exemplos citados, a ponto de Prensky (2007) apontar que os RPGs, de onde quer que eles sejam, são excelentes para desenvolver habilidades gerais, inter e intrapessoais, bem como a linguagem por meio de padrões narrativos. Além disso, a narrativa em um RPG é uma ferramenta para entender julgamentos, no sentido de fazer escolhas, pesar consequências e tomar decisões com a consciência de que elas podem afetar outras pessoas. Valores morais e pessoais são colocados em foco pela narrativa, e isso ajuda o jogador a buscar novos sentidos em suas escolhas.

Vamos pensar em um possível diálogo em um jogo de RPG, tomando como base Persona, mencionado anteriormente. Primeiramente, em Persona, o jogador não consegue avançar no jogo sem interagir com os demais personagens. Isso se dá por meio de conversas e passeios e ao completar missões que ajudem as pessoas, situações que simulam o desenvolvimento de amizades na vida real.

Nas conversas com os demais personagens, o jogador, na condição de protagonista de Persona, deve escolher a resposta que ele acredita ser a mais adequada. Por exemplo, um personagem está sofrendo com a briga que teve com outro personagem. Durante o diálogo, o protagonista deve dizer o que mais se encaixa na situação ou aquilo que o jogador entende como melhor opção – ele pode consolar o amigo, pode dar uma bronca pela briga ou pode ignorar seus sentimentos – e essas escolhas afetam diretamente a relação. A amizade se desenvolve mais rápido, por exemplo, ao se consolar e dar apoio ao amigo em vez de diminuir os sentimentos dele.

> ## Importante!
>
> Podemos perceber os elementos de julgamento, relações interpessoais e capacidade de escolha linguística como parte fundamental do jogo. Ainda que o jogador esteja representando o papel de protagonista, vemos seus valores, entendimentos e crenças – sua cultura – serem expressos por meio dessa simples escolha em um diálogo.

Acreditamos que, neste momento, você já tenha entendido o que queremos dizer quando exploramos aqui a narrativa e os RPGs. Na escola, alunos, professores, coordenadores e gestores estão sempre desempenhando um papel. Muitas vezes, é um papel imposto pela sociedade, mas pode ser um papel desempenhado com base na vontade de melhorar a aula.

Se em um jogo como Persona o jogador assume o papel de um protagonista preocupado com seus amigos, de certa forma, ele carrega traços de sua personalidade ou identidade real para dentro do jogo. O mesmo pode acontecer com professores, devendo-se lembrar que eles devem agir em prol do futuro dos alunos, pois o papel ou identidade desses profissionais é promover a aprendizagem.

Desse modo, a narrativa é, também, uma mecânica essencial na gamificação da aula exatamente pelos fatores que apontamos anteriormente: habilidades gerais, senso de julgamento, fidelização e motivação pelo progresso, linguagem e comunicação, comportamento interpessoal/intrapessoal.

Se analisarmos o assunto com atenção, notaremos que os fatores da narrativa na gamificação não diferem do que está identificado na Base Nacional Comum Curricular (BNCC) como *inteligência emocional*, com a proposta de que seja desenvolvida em consonância com as demais competências curriculares do aluno (Brasil, 2018). Mas o ambiente gamificado retrata a possibilidade de ir além, desenvolver uma narrativa única que motive o aluno a buscar resultados, progresso, seu próprio desenvolvimento.

Ademais, a gamificação permite criar desafios que proporcionem entendimento e aprendizado ao aluno, de modo que ele é guiado por uma narrativa, seus personagens, o tempo e o espaço em que tudo se desenvolve.

Leia o excerto a seguir, extraído de Alves (2015, p. 44, grifo do original), e reflita: A narrativa, também chamada de *storytelling*, faz a diferença? De que forma?

> *Narrativa* (**storytelling**): *é a estrutura que de alguma forma une os elementos do sistema* gamificado *e faz com que haja um sentimento de coerência, um sentimento de todo. A narrativa pode ser explícita, e nesse caso é* storytelling, *mas diferente do contexto dos* games *não é necessário que haja uma história. O essencial é que a narrativa do sistema* gamificado *permita aos jogadores estabelecer uma correlação com seu contexto, criando conexão e sentido para que o sistema* gamificado *não se torne um amontoado de elementos abstratos.*

Com base nesse comentário de Alves (2015), podemos perceber que a narrativa se torna o fio condutor de uma experiência gamificada, possibilitando que os envolvidos estejam imersos e motivados para progredir. A narrativa, ainda que o foco não esteja predominantemente no aspecto da trama, é uma forma de fazer com que o aluno aprenda pelo desafio, ao ser instigado a seguir em frente e ultrapassar dificuldades.

doispontoquatro
As críticas à gamificação

Se você leu o capítulo até aqui, deve ter se encantado com a gamificação, apesar de, possivelmente, ainda ter questionamentos sobre como o professor pode aplicar isso na aula. Mas não se preocupe, veremos isso mais adiante.

Neste momento, vamos dar uma pausa nas glórias de aproveitar as mecânicas dos jogos e propor uma reflexão sobre a gamificação que deve ser considerada antes de o professor aplicá-la em sala de aula. Isso porque, primeiro, é de suma importância que o professor tenha ciência de que entendeu o que é gamificação e, segundo, porque é necessário entender o outro lado da moeda.

Como vimos, a gamificação supõe a transposição de elementos de jogos para outros ambientes, como o escolar. Entretanto, é necessário pensar que um professor pode atuar em diferentes contextos, como uma escola pública ou privada, no ensino básico ou superior, na formação inicial ou continuada, com um currículo padrão ou flexível, com educação formal ou informal.

Portanto, a gamificação deve levar em conta essa miríade de possiblidades, e o professor deve ser capaz de adaptar o sistema gamificado para o contexto em que deseja aplicá-lo, pensando em seu público-alvo e em todas as características que favorecem (ou impedem) sua participação na atividade.

É aí que começa a maior crítica à gamificação: os **recursos**. Não estamos nos referindo aos recursos descritos anteriormente, que fazem parte das mecânicas ou dos elementos dos jogos, mas àquilo que é necessário para fazer a experiência funcionar. Nesse sentido, vamos abordar os recursos por duas perspectivas diferentes.

Primeiramente, um dos pontos mais criticados quando se fala em gamificação é o **recurso financeiro**. Como mencionamos, o professor deve proporcionar a experiência da gamificação de acordo com os seus alunos. A grande questão é: E o professor que trabalha em uma instituição pública, com alunos carentes, que não dispõe de recursos financeiros e materiais para proporcionar uma atividade desse tamanho?

Devemos pensar, antes de tudo, que a gamificação é pautada na aplicação das mecânicas dos jogos, e não nos jogos em si. Sabemos que um tabuleiro ou um jogo digital é um artigo de luxo para muitas pessoas, assim como um celular ou um computador; contudo, se a gamificação é a transposição das mecânicas para o ambiente, o uso de recursos não é obrigatório. Não vamos argumentar aqui que é fácil pensar na gamificação sem recursos, porém, mais do que nunca, é preciso entender que a narrativa é o artifício que permite que adaptar o sistema gamificado, como Alves (2015) sugere, ao contexto. É a narrativa que guiará a experiência e conduzirá a sequência de atividades.

Para esse problema, a solução é ser criativo. Vale usar papel, recortes de revistas, imagens, objetos do dia a dia e da sala de aula ou o próprio material didático ofertado para o aluno. A questão é a forma como o professor enxerga esses objetos, que também são recursos.

O segundo recurso a ser considerado é o recurso de tempo. Uma experiência ou um sistema gamificado não nasce do nada, e isso é um fato. O professor pode ter uma ideia, um *insight* no meio de uma aula, e isso o inspira a planejar a atividade gamificada, sendo *planejar* a palavra-chave.

Criar uma experiência gamificada demanda tempo e planejamento. É o tempo de pensar nos objetivos e nos desafios, na forma de motivar, na narrativa que guiará, na interação dos participantes. É o trabalho de criar cada etapa, cada atividade a ser desenvolvida. E é o tempo, também, de aplicar, de ver tudo funcionar, de colher resultados e de avaliar.

Como bem sabemos, com um currículo rígido e com a necessidade de cumprir prazos, sobretudo as datas de entrega de notas e conselho de classe, talvez não exista a flexibilidade necessária para se implementar um sistema gamificado de aprendizagem. Além disso, caso o currículo não seja um empecilho, muitas vezes a gestão não concorda com a atividade por desconhecer a ideia da gamificação.

Assim, a maneira mais fácil é, novamente, encontrar um modo de adaptar os conteúdos para a situação da gamificação. A narrativa continua como fio condutor, mas é preciso que ela esteja articulada com os conteúdos e os objetivos de aprendizagem, para que seja possível acompanhar o currículo da forma adequada.

Em nossa perspectiva, nas duas situações, a gamificação não é o problema, mas a solução. Mesmo com a falta de recursos financeiros ou de tempo, a gamificação pode ser a alternativa para tirar os alunos da monotonia, do ciclo quadro-giz-prova que ainda é comum no cenário da educação brasileira, permitindo que o currículo engessado seja explorado de outras formas e que, mesmo com a falta de recursos, seja possível proporcionar uma experiência única, interativa e motivadora para os alunos.

Outro ponto crítico que vale nossa reflexão é o que Burke (2015, p. 17) menciona em seu livro: "gamificação não diz respeito a divertimento". Há, ainda, muitas críticas ao sistema gamificado porque as pessoas acreditam que o único propósito da gamificação é entreter e divertir o aluno, quando isso não é verdade.

> *Embora pareça contraintuitivo, a gamificação não está associada à ideia de divertimento. Ao ouvir o termo gamificação, muitas pessoas partem da premissa de que é possível tornar todas as atividades divertidas acrescentando pontos e divisas, como em um jogo. Há inúmeros* sites, blogs e *artigos [...] que, de maneira improvável, afirmam que "a gamificação pode tornar o trabalho mais divertido." Em geral, as comunidades de desenvolvedores de* videogames *não gostam da gamificação, uma vez que essa prática "barateia" o trabalho que eles realizam, o que é compreensível.* (Burke, 2015, p. 17)

É importante esclarecer que usamos jogos analógicos e digitais para exemplificar as mecânicas, mas fazemos isso com o propósito de dar exemplos para que você, leitor ou leitora, possa compreender melhor o momento em que o professor pode colocar em prática os conceitos que discutimos. Se a gamificação se vale das mecânicas, conhecê-las é um passo fundamental para aplicá-las.

No entanto, como Burke (2015) destaca, a gamificação tem a ver com engajar e motivar, como os jogos, mas não tem a diversão como seu propósito. Ela pode ser uma intercorrência da atividade, estar relacionada com a reação emocional que Boller e Kapp (2018) citam em sua lista, porém não deve ser o cerne desse processo.

> ## Importante!
>
> A reflexão sobre esse ponto é essencial para entender que, na gamificação, o professor tem a árdua tarefa de guiar e mediar os alunos, como um bom mestre de RPG, mas ele não está lá para entreter ninguém. Há momentos em que os alunos deverão agir e tomar decisões analisando as consequências de suas ações, como acontece na vida real, e não cabe ao professor tornar aquele momento uma piada engraçada. Na verdade, é aqui que entra o trabalho crítico e ativo com o sistema gamificado, em que o professor acolhe os alunos e os ajuda a refletir sobre a tomada de decisão.

Lembre-se: *gamificar* não é sinônimo de *entreter,* mas de *aprender* por meio de mecânicas diferentes da dinâmica quadro-giz-prova. Kumar e Herger (2013) consideram que essa visão de gamificação é como um brócolis coberto com chocolate – algo que só serve para enfeitar, mas sem propósito algum.

Para a gamificação ser efetiva, de acordo com as postulações de Kumar e Herger (2013), é necessário conhecer o público, entender sua necessidade e criar algo que possa ser envolvente e produtivo. Não se trata de oferecer o conteúdo disfarçado de diversão, mas de fazer com que cada etapa, ainda que desafiadora, possa ter uma justificativa para existir.

Síntese

Neste capítulo, vimos que...

A lógica dos *games* considera a interação e a presença dos jogos nos contextos sociais, históricos e culturais. **Foi a partir do século XXI que os jogos ganharam inovações que os caracterizam até hoje, estabelecidas pela necessidade que eles têm de acompanhar a humanidade.** De fato, foi após os anos 2000 que passamos a ver **inteligência artificial, física do mundo real dentro do virtual, plataformas móveis e armazenamento de conteúdo na nuvem.** A história dos jogos digitais acompanha a evolução tecnológica.

A gamificação é a transposição das mecânicas dos jogos, sejam eles digitais, sejam eles analógicos, para diferentes espaços. Conforme Alves (2015), são mecânicas comuns: **desafios, sorte, cooperação/competição,** *feedback*, **recursos, recompensas, transações, turnos e vitória.** Como concluímos, as mecânicas não diferem do que Boller e Kapp (2018) elencam como elementos dos jogos.

A narrativa tem papel fundamental nos jogos, sobretudo nos RPGs, e pode ser transposta para a gamificação. A narrativa permite que a experiência gamificada tenha **um fio condutor ou um guia, que permita aos participantes perceber a conexão entre um elemento e outro.** Vimos que, de certa forma, muitos jogadores são fidelizados e/ou motivados a continuar apenas pela história ou pela narrativa que é construída dentro do jogo, o que pode ser aproveitado fora dele também.

Há críticas duras à gamificação. Uma das principais se refere à falta de recursos, que dividimos entre financeiros e tempo. A falta de recursos financeiros ou materiais implica desenvolver outras formas criativas de aplicar a gamificação na sala de aula, enquanto a falta de tempo demanda planejamento. Ademais, a gamificação pode ser uma solução para um currículo engessado, pois o professor pode encontrar uma nova forma de explorar o conteúdo por meio do sistema gamificado. Outra crítica enfrentada pela gamificação diz respeito à diversão, pois muitos acreditam que sua utilização tem a função de entreter o aluno, quando motivação e interatividade não devem ser confundidas com diversão.

Atividades de autoavaliação

1. Assinale a alternativa que apresenta exemplos de "jogo dentro do jogo":
   a. Jogos de RPG, em que os jogadores assumem o papel de outros personagens.
   b. Jogos de esporte, em que jogador pode jogar como seu ídolo.
   c. Jogos de estratégia em tempo real, no qual o jogador deve tomar decisões.
   d. Jogos de tabuleiro, em que os jogadores interagem entre si.
   e. Jogos de cartas, que dependem de outros participantes.

2 . De acordo com o que foi apresentado no capítulo, o que significou para os jogos a adição da física nos *games?*

a. Jogos que se preocupavam com o contexto do estudo da física.

b. Uma mudança do olhar do virtual para o real com o uso de realidade virtual.

c. A aplicação das leis da física por meio de jogos digitais.

d. Uma inovação que trouxe o mundo virtual para mais perto do real.

e. O uso de regras para o comportamento físico dos jogadores.

3 . Marc Prensky (2007), ao tratar da aprendizagem mediada por jogos digitais, enumera 12 razões pelas quais os jogadores se engajam nos *games*. Qual das alternativas a seguir não corresponde a uma dessas razões?

a. Fluidez.

b. Criatividade.

c. Estrutura.

d. Emoções.

e. Recursos.

4 . De acordo com a leitura do capítulo, marque (V) para verdadeiro e (F) para falso:

(   ) A gamificação consiste em fazer com que as atividades normais pareçam um jogo.

(   ) Na gamificação, elementos dos jogos são transpostos para o contexto educacional.

(   ) Recursos podem ser itens ou objetos coletados pelos jogadores.

(   ) Todos os jogos têm uma narrativa.

(   ) A interatividade e a motivação são a base da gamificação.

Agora, assinale a alternativa que apresenta a sequência correta:

a. F – V – V – F – V.

b. F – F – V – V – F.

c. V – V – V – F – V.

d. V – V – F – F – V.

e. F – V – F – V – F.

5. Para Alves (2015), a narrativa é:

a. a estrutura que une os elementos do sistema gamificado.

b. dispensável, pois os participantes não precisam de história.

c. uma mecânica que deve ser usada para justificar as recompensas.

d. indispensável no sistema gamificado em contexto escolar.

e. uma forma de dar *feedback* retroativo.

Atividades de aprendizagem

Questões para reflexão

1. De que forma a narrativa se faz presente em sua rotina profissional?

2. Pesquise sobre um RPG. Pode ser de mesa ou digital, em grupo ou individual. Leia sobre a história dele e analise quais elementos da narrativa criam a fidelização do jogador.

Atividades aplicadas: prática

1. Escolha um jogo que você conhece ou de que já tenha ouvido falar, de qualquer gênero. Pode ser um jogo digital para console, computador ou plataforma móvel. Retome a lista de mecânicas de Alves (2015) e crie um quadro analisando cada item do jogo escolhido com base nas mecânicas.

Mecânica	Análise
Desafio	
Sorte	
Cooperação/ Competição	
Feedback	
Recursos	
Recompensa	
Transações	
Turnos	
Vitória	

2. Converse com jogadores ou *gamers* que você conhece. Peça que classifiquem os elementos de Alves (2015) em termos de importância e adicione a questão da narrativa à lista. Compare as respostas.

um	Concepções sócio-históricas dos jogos e *games*
dois	Gamificação e a lógica dos *games*
# três	**Gamificação na geração e na mediação do conhecimento**
quatro	Gamificação na educação
cinco	Gamificação e o ensino de Língua Portuguesa
seis	Experienciando a gamificação

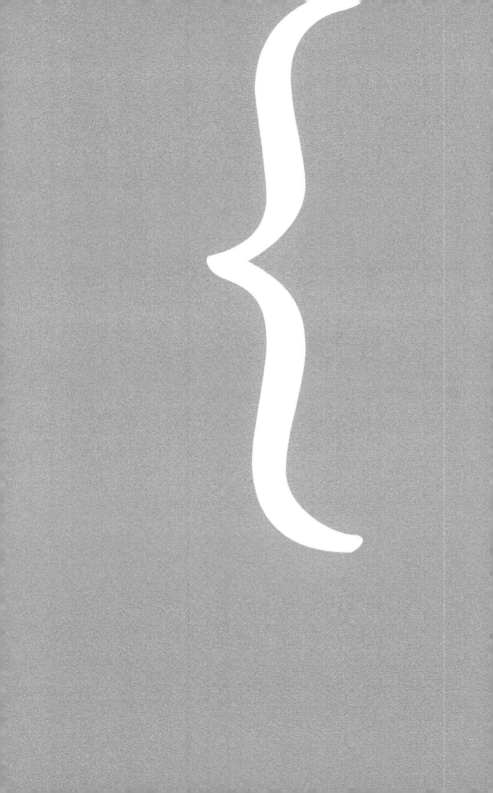

"Mas e as pessoas? Elas permanecerão presas em suas ilusões... Elas não serão capazes de pensar por si próprias. Isso não é um mundo, é uma prisão!"
(Joker, Persona 5, Atlus, 2020)

O QUE É cultura e como esta se relaciona com os *games?* Assim como em qualquer outro campo, os jogadores também se reúnem em comunidades para trocarem experiências, conhecimentos e dicas. A particularidade é que, nesse contexto, eles criam conteúdo novo por meio de modificações dos próprios jogos, propondo novas experiências, e estabelecem um sistema de valores, comportamentos e atitudes únicas.

Mas será que é possível aproveitar tudo isso na gamificação? É o que vamos discutir neste capítulo!

trêspontoum
A cultura dos *games*

Da mesma forma que muitas áreas e pesquisas propuseram definições distintas para *jogo*, como vimos no primeiro capítulo, diferentes áreas têm interpretações únicas para o conceito de *cultura*.

Por isso, antes de pensarmos na cultura dos jogos, precisamos definir, ou tentar chegar a uma definição universal, o que é cultura. Se recorrermos, novamente, aos aspectos etimológicos (da origem da palavra), veremos que ela é derivada de *colere*, que significa "cultivar" ou "cuidar" (Beaven, 2008). Na perspectiva da linguística, a língua é parte da cultura de uma comunidade, de uma sociedade ou de uma nação.

Já a sociologia e a antropologia, em seus estudos sociais, consideram que cultura é aquilo que uma comunidade divide, como seus simbolismos, valores, crenças, e esses elementos são fabricados pela própria humanidade (Botton, 2018). Por outro lado, a psicologia e a filosofia entendem a cultura como um conjunto de comportamentos e tradições – como a língua, a dança, a culinária – que um determinado grupo social apresenta.

Essas características de uma sociedade, como destacado por Kalman (2009) e Botton (2018), são passíveis de mudança. A sociedade, então, se transforma e se modifica, e tais mudanças são espelhadas por sua cultura, que é adaptada ou reescrita para agora se encaixar nos novos pressupostos que fazem parte de uma "nova era".

Salomão (2015), por exemplo, destaca que a cultura afeta nossa forma de comunicar, de usar a linguagem – a chamada *prática linguística*. Isso acontece porque até mesmo na fala carregamos ideologias baseadas na cultura, naquilo que somos, acreditamos e carregamos como valor. Do mesmo modo, Botton (2018) ressalta que há muitas identidades culturais, também oriundas dessa mesma fonte ideológica.

Ao transpormos essas premissas para o campo dos jogos, percebemos que a situação não é diferente. A cultura dos jogos também compreende todos esses aspectos, mas por meio das comunidades formadas pelos próprios jogadores, que acreditam em determinados pressupostos, jogam conforme as próprias crenças e hábitos. E ela vai além, porque se trata de um ambiente virtual em que é possível empregar a chamada *cultura da participação*.

3.1.1 Cultura da participação

Para esclarecermos melhor a ideia do que é a cultura da participação, vamos considerar a análise de Squire (2011, p. 12, tradução nossa):

> *Então, para entender como os jogos operam, precisamos olhar além do próprio jogo e na direção de um contexto cultural mais amplo no qual está situado. Em muitas comunidades de jogos, os próprios jogadores se tornam o conteúdo, tornando-os emblemáticos da cultura participativa da mídia. Quando meu amigo me mostrou Ironforge, ele era uma parte central da minha*

experiência com o jogo. Isso também é verdade para as comu-nidades de jogos single-player, *particularmente dentro de* sites *de busca criados para os jogos.*

O que Squire (2011) nos apresenta é um detalhe muito importante: a cultura dos jogos tem total relação com os seus jogadores, é claro, como a cultura das comunidades reais. A diferença está no fato de os jogadores se tornarem o conteúdo, pois deles nascem outros valores, observações, sentimentos e comportamentos, por exemplo.

No exemplo que o autor nos fornece, ele menciona Ironforge, que é uma cidadela do MMORPG (*Massive Multiplayer Online Role-Playing Game*) World of Warcraft (WoW), que vimos no Capítulo 2. Por ser um *game online* com muitos jogadores (inter)agindo ao mesmo tempo, os jogadores definem muito do que é a experiência do jogo, seja ajudar os colegas e novos jogadores, seja criar um ambiente hostil, em que um novato não é tão bem-vindo quanto se espera.

O fato é que a experiência de um jogo como WoW é diretamente relacionada aos seus jogadores. Squire (2011) nos conta que seu amigo foi parte central em sua experiência porque, possivelmente, ele se sentiu acolhido, uma vez que havia alguém para guiá-lo e mostrar-lhe aquele mundo novo. Ao mesmo tempo, muitos jogadores desistem do jogo pelas experiências que têm com outros jogadores, que os diminuem ou os desestimulam antes mesmo de entenderem o que está acontecendo.

O exemplo de WoW não é novo nesse âmbito, e há muitos estudos publicados sobre o comportamento de sua comunidade em relação aos jogadores e suas atitudes. No entanto, existem outras comunidades que são verdadeiramente acolhedoras e, assim, definem que a cultura daquele jogo é amigável e acolhedora simplesmente porque os jogadores são cruciais na experiência de jogar.

Um bom exemplo são os jogadores, sobretudo novatos e mulheres (constantemente hostilizados), que migraram de WoW para Final Fantasy XIV porque a cultura deste último lhe deu a fama de ser um espaço seguro, em que qualquer um pode se divertir, ter a experiência de conhecer o jogo do zero sem sentir-se humilhado em um ambiente que era para ser divertido.

Essa reflexão é fundamental para entendermos o que a cultura da participação significa dentro dos jogos e a razão pela qual os jogadores são tão parte do conteúdo quanto o mundo que os próprios desenvolvedores criaram.

Squire (2011, p. 13, tradução nossa) ainda chama a atenção para outro detalhe, ao comparar a cultura da participação dos jogos digitais com a cultura dentro das escolas:

> *Vamos comparar essa cultura aberta, participativa com o ambiente da maioria das escolas. Os jogadores estão rodeados de* walk-throughs, *guias, até vídeos explicando e demonstrando quase todas as nuances do jogo. [...] Em termos educacionais, há exemplos, não exemplos e problemas solucionados para que os jogadores analisem para melhorarem sua performance. É como se alunos tivessem acesso não apenas aos registros do*

professor, mas ao guia, compêndios de anotações e experts na área. As escolas, em contraste, segregam os alunos por nível de habilidade e constroem duras barreiras entre salas de aula e comunidades autênticas de prática.

Tendo em vista o que o autor fala, uma das grandes características dos jogos digitais é essa cultura organizacional dos jogadores, que dispõem seus conhecimentos em prol de outros jogadores, para ajudá-los ou guiá-los em um ambiente novo. Esse trecho de Squire (2011) nos leva a concluir como essa ajuda é crucial para que haja progresso, o que é fundamental em muitos casos.

Indo além, podemos considerar o que Shaffer (2006, p. 72, tradução nossa), um estudioso das ciências da aprendizagem, propõe ao afirmar que, se gestos são considerados "representações compartilhadas" do mundo e as palavras são "representações simbólicas", o meio digital é um espaço que permite "guardar", "compartilhar" e "criar" esses significados. Assim, em consonância com o que Squire (2011) aponta, as comunidades dos jogos digitais criam e compartilham novos valores, crenças e símbolos, que condizem com seu contexto.

Forma-se, então, o que Squire (2011, p. 31, tradução nossa) chama de "comunidade de prática", em que a experiência de um indivíduo pode ajudar os demais, possibilitando que todos conheçam diferentes formas de atingir um objetivo, participar ativamente, criar conteúdo, e assim por diante.

3.1.2 Comunidades de prática e cultura

No exemplo visto anteriormente, sobre meninas e mulheres que migraram do ambiente machista e hostil de WoW para a cultura acolhedora e compreensiva que é comum aos jogadores em Final Fantasy XIV, temos uma ideia do que a cultura de um jogo pode fazer com seus jogadores, sendo estes parte do conteúdo, como também já discutimos.

Para analisarmos o que é uma comunidade de prática, vamos tomar como exemplo a presença feminina nos jogos, a começar pelo que Gee (2007) indica quando menciona que as meninas e mulheres ao redor do mundo estão cada vez mais presentes nos ambientes dos jogos e que há conteúdo produzido especificamente para esse público, em especial sobre jogos comumente associados ao público masculino – a exemplo de jogos competitivos, como tiro e estratégia.

Segundo Gee (2007, p. 13, tradução nossa), no ensino fundamental, anos finais, muitas meninas desistem dos jogos pela mesma razão que as leva a desistir de estudos e carreiras em áreas como ciências e matemática: ainda parece "errado" ou "inadequado" para uma mulher. Dessa forma, muitas mulheres são atraídas para esses espaços quando observam outras mulheres na mesma área, percebendo que é possível, sim, apesar dos desafios, estar nesse contexto.

Gee (2010) também chama a atenção para o detalhe de que existem muitas comunidades com propostas diferentes em toda a internet e na vida real; então, isso não é algo novo. Outro fato que não é uma novidade é que algumas comunidades são acolhedoras, enquanto outras se apresentam de forma distorcida, negativa.

A verdade é que, em qualquer que seja a cultura, a sensação de pertencer a um grupo é satisfatória, pois há mais do que apenas o compartilhamento do espaço (real ou virtual), porém há o que Gee (2010, p. 105, tradução nossa) chama de "incluídos" e "excluídos". Uma comunidade pode colaborar entre si e competir arduamente com as demais comunidades, podendo ser por *status*, fama, conhecimento ou outro motivo.

O mais interessante sobre essas comunidades, como no caso das mulheres que buscam um espaço seguro e acolhedor dentro dos jogos e evitam ser discriminadas, é que o elemento que as une não é a raça, a cor, o credo ou o gênero, mas o gosto pessoal, o interesse pelo mesmo jogo, além de sentirem a angústia do ambiente machista.

Gee (2010, 2017) chama essa comunidade de *grupo de afinidade passional (Passionate Affinity Group)*, no qual não são feitas distinções entre as pessoas, ainda que elas acreditem em coisas diferentes; é justamente o interesse em comum que as une. Como Gee (2010, p. 107, tradução nossa) explica,

> *Enquanto as pessoas em um grupo de afinidade passional podem eventualmente dar valor aos membros como uma das razões primárias de se estar no grupo, o fato de que a paixão compartilhada é a base da razão para estar lá leva ao bom comportamento, porque todos veem como essa paixão se espalha*

e, assim, assegura a sobrevivência e o florescer da paixão e do grupo de afinidade passional, que requer acomodar novos membros e encorajar membros comprometidos.

Squire (2011) lembra que o termo *espaço de afinidade* foi cunhado por Gee em 2005, quando houve uma primeira publicação do pesquisador sobre esse tema, que o expandiu para os grupos de afinidade passional. O autor também observa que esses espaços de afinidade são sinônimos de *comunidades*, em que há uma longa e profunda cultura, conforme descrevemos aqui.

É assim que as comunidades de prática nascem dentro dos jogos digitais. É pela necessidade de ajuda mútua, de colaboração e de apoio, dividindo-se afinidades, desafios e conhecimentos sobre o jogo para crescerem juntos, sem distinções.

O que Gee (2010) denomina *grupos de afinidade passional* dentro das comunidades de jogos digitais se aplica bem ao contexto escolar, e Squire (2011, p. 71, tradução nossa) transporta essa reflexão para a sala de aula ao sugerir que "mais do que educar aprendizes para avaliarem informações, as escolas precisam ensinar os aprendizes a avaliar comunidades para entender seus pontos fracos, seus pontos fortes e seus preconceitos. Precisamos ensinar os alunos a ter um letramento crítico da cultura participativa".

Unindo o que os dois pesquisadores propõem, podemos entender que os espaços de afinidade e as comunidades de prática são os ambientes nos quais ocorrem essas trocas de conhecimento. Squire (2011) ainda vai além e considera que os espaços e as comunidades são mecanismos para o que ele chama de *usuário ordinário*, pois é um ambiente popular, sem exigências de um *expert* (especialista em uma área determinada), por assim dizer, mas da experiência individual de cada "especialista comum", que contribua para o todo.

Para observar esses pontos em perspectiva, verifique o Quadro 3.1, a seguir, criado com base nas postulações de Gee (2010) e Squire (2011), sendo comparados os espaços de afinidade/comunidades de prática dentro dos jogos e o contexto escolar/acadêmico.

QUADRO 3.1 – COMPARATIVO ENTRE OS GRUPOS DE AFINIDADE/COMUNIDADES DE PRÁTICA E O CONTEXTO ESCOLAR/ACADÊMICO

Grupos de afinidade passional	Contexto escolar/acadêmico
Os grupos são movidos pela paixão dos participantes, por seu interesse pessoal que é compartilhado por todos, sem restrição de idade, credo ou raça.	Os grupos escolares são comumente organizados por idade e/ou nível de conhecimento, raramente oportunizando divisão por interesses.
Os grupos não são segregados, mas unidos por um interesse comum.	Os grupos são segregados e ainda há uma única pessoa no comando (o professor).
Não há diferenciação do nível de conhecimento. Aqueles que conhecem muito (*masters*) e aqueles que conhecem pouco (*newbies*) convivem no mesmo espaço e têm o mesmo direito de criar conteúdo.	A escola e a universidade comumente segregam os novatos dos mais experientes, sem propor encontros entre eles. A separação é por turma, série/ano, e o progresso individual determina a divisão.

(continua)

(Quadro 3.1 – continuação)

Grupos de afinidade passional	Contexto escolar/acadêmico
Todos que participam do espaço, do grupo de afinidade e/ou da comunidade podem produzir, sem limitação.	A escola enfatiza e cobra produção, sobretudo do professor, enquanto o material didático guia os passos. As produções ocorrem porque o currículo exige que os alunos as façam.
O conteúdo é transformado em interação, sendo parte de um processo de mudança contínuo.	O conteúdo é indicado pelo currículo e pelas leis, sendo cumprido pelo professor, e a interação entre os alunos e os conteúdos é limitada.
Há o encorajamento de conteúdo específico ou geral, que é debatido com base na vivência e na experiência de cada um.	Ainda há muito espaço para conhecimento geral, sem a promoção de imersão.
O conhecimento individual é tão valorizado quanto o coletivo.	O conhecimento individual é predominante.
A distribuição do conhecimento produzido dentro do grupo/ comunidade é incentivada.	O conhecimento produzido na escola é, muitas vezes, descontextualizado.
A individualidade dos participantes é levada em consideração quando o espaço permite que cada um produza, divulgue e compartilhe conteúdo da forma que achar melhor.	A individualidade é levada em consideração no momento das provas, mas é talhada por atividades que são iguais para todos os alunos.

(Quadro 3.1 – conclusão)

Grupos de afinidade passional	Contexto escolar/acadêmico
Nos espaços de afinidade, os participantes recebem e dão *feedback*, sendo encorajados a estar no papel de leitor e produtor ao mesmo tempo, para vários públicos diferentes.	A escola e a universidade ainda impõem limitações ao espaço escolar/acadêmico, sobretudo tendo o professor como o público receptor da produção. O *feedback* ainda é posto, na maioria das vezes, como valor numérico.

É possível concluir, então, que a escola evoluiu em relação ao que era no passado, e isso é evidente. No entanto, ainda temos uma educação engessada, pautada em currículos que restringem os alunos em sua individualidade em detrimento do ensino do coletivo. Com base no que Gee (2010) e Squire (2011) nos indicam, ocorre o oposto no âmbito dos jogos.

Assim, refletir sobre maneiras de empregar essas comunidades e esses grupos de afinidade em sala de aula pode ser o começo de uma transformação. A cultura dos jogos digitais permite a coexistência da individualidade e da coletividade, e isso deveria acontecer também na escola ou na academia.

trêspontodois
Conceitos sobre a gamificação

Pensar a gamificação com as comunidades de prática e os grupos de afinidade em mente não é um trabalho difícil, mas demanda conhecer e entender muito bem como articular a ideia da transposição dos jogos para outros contextos, sem que sejam necessariamente lúdicos ou divertidos.

Para isso, vamos analisar os conceitos da gamificação com base em quatro pontos: dinâmicas, integração, componentes e motivação. Neste momento, não abordaremos as mecânicas, pois trataremos desse elemento na Seção 3.4.

3.2.1 Dinâmicas

Como é de senso comum, algo dinâmico é algo que se move, que gera ação e que não é estático. Na gamificação, esse conceito diz respeito a elementos capazes de conectar as partes da experiência com coerência e com padrões.

Alves (2015, p. 44) sugere que os elementos das dinâmicas dos jogos não são as regras em si – o que cabe às mecânicas, como veremos –, mas "a estrutura implícita", e incluem "elementos mais conceituais". Assim, as dinâmicas articulam e encaminham as mecânicas para que se chegue ao objetivo proposto dentro do jogo ou do sistema gamificado.

O primeiro elemento apontado pela autora acerca das dinâmicas é a ideia de uma constrição, que seria responsável por restringir que o participante alcance o almejado objetivo pelo caminho simples, fácil ou óbvio. Para Alves (2015, p. 44), "são as constrições que criam no jogo escolhas", ou seja, a tomada de decisão e o pensamento estratégico estão sujeitos ao uso da constrição.

Um segundo elemento é a questão emocional, que, aliás, já discutimos aqui. Alves (2015) afirma que, no jogo, as emoções que o jogador sente são muitas, o que não acontece na gamificação.

A ideia da conexão emocional é pautada na interação dos participantes, mas a conexão com a realidade, mesmo no sistema gamificado, impede que exista uma variação emocional tão grande, embora se possa comemorar uma conquista ou uma recompensa.

Outro elemento que já examinamos aqui, mas que Alves (2015) retoma como sendo uma importante dinâmica dos jogos, é a própria narrativa. Como vimos, a narrativa ou *storytelling* é o fio condutor da experiência e, ainda que se possa contar uma história, na gamificação, a narrativa ajuda a conectar as muitas experiências para dar maior coerência ao processo.

A progressão é uma forma de possibilitar ao participante a sensação de progresso, literalmente. Isso não quer dizer que não haverá nenhuma frustração no meio do caminho, mas esse elemento possibilita que o participante, assim como um jogador, sinta que está conseguindo evoluir na jornada.

Por fim, a última dinâmica que Alves (2015) aponta é a questão de relacionamento, pois se supõe que a experiência gamificada existe em um ambiente no qual as pessoas interagem, sejam elas amigas, sejam elas colegas de trabalho, por exemplo. A dinâmica social é fundamental, e ela provém das raízes da cultura dos jogos, dos grupos de afinidade e das comunidades de prática.

3.2.2 Integração

Falando em dinâmica social, não podemos deixar de mencionar que a gamificação aponta para a interação de maneira crítica. Isso não significa que os participantes devem debater cada passo, mas que as decisões devem ser tomadas de forma pensada, assim como seria no jogo.

Para que isso aconteça, no entanto, é necessário que todos os elementos e os desafios estejam integrados ao processo, bem como cada participante. Quando pensamos em integração, queremos dizer que deve ser claro, para todos, qual é a função do sistema gamificado, da experiência e de cada indivíduo.

Além disso, a integração supõe que tudo esteja integrado – por exemplo, em sala de aula, se o conteúdo de língua portuguesa é estrutura argumentativa no gênero textual resenha, cada elemento a ser estudado, aprendido e revisado pelo aluno deve estar integrado ao objetivo de explorar esse conteúdo.

A maneira mais fácil de fazer essa integração é por meio dos componentes da gamificação, como veremos a seguir.

3.2.3 Componentes

Os componentes são, de modo geral, o alicerce da experiência gamificada. Assim, eles devem estar presentes e muito claros desde o planejamento da experiência para que não fique nada faltando.

As dinâmicas e as mecânicas dos jogos funcionam com base nos componentes, o que também é transposto para a gamificação. Um componente garante a especificidade do que deve acontecer – seja a ação do jogador, seja a ação do participante – tendo em vista o que a dinâmica e a mecânica representam.

Muitos teóricos da gamificação também utilizam o termo *elementos* como um sinônimo para *componentes*, como Alves (2015) e Burke (2015), o que faz sentido ao pensarmos que eles permitem que o sistema gamificado aconteça.

3.2.4 Motivação

Talvez um dos conceitos mais básicos e importantes da gamificação seja a própria motivação. Como mencionamos anteriormente, a motivação é parte dos jogos digitais e analógicos desde sempre, e eles são atrelados à diversão, na maioria das vezes.

Contudo, quando pensamos na motivação como um conceito-base da gamificação, devemos observar que não pode ser simplesmente essa atividade lúdica e divertida, mas levar em consideração que há uma imersão, um engajamento e um papel ativo do participante, mesmo diante do desafio mais complicado ou complexo possível.

Quando falamos em motivação no âmbito da gamificação, trata-se de manter os participantes motivados a continuar. Os componentes e as dinâmicas estão diretamente ligados ao nível de interesse em continuar. A razão para isso é simples: Se não houver uma boa construção de cada etapa do sistema gamificado, ou a organização dos elementos de modo a favorecer a imersão, quem é que estaria motivado?

O grande ponto que devemos entender sobre essa motivação, como veremos mais adiante, não é simplesmente achar que não se pode propor nada difícil ou complexo para que o aluno faça. Muito pelo contrário, quanto maior for o desafio, maior será o interesse se o aluno estiver devidamente envolvido, mediante uma proposta bem elaborada, bem construída, com elementos condizentes com o contexto.

Há diversos fatores que colaboram para a motivação, é claro, e esses fatores são divididos em motivações intrínsecas (aquelas que partem do próprio aluno ou jogador) e **motivações extrínse-cas** (aquelas que vêm de fora, são externas), como veremos. Assim, vale dizer que a participação de todos, o ambiente e o envolvimento, bem como o desenvolvimento da experiência, são todos fatores cruciais para uma boa atividade gamificada, a exemplo do que ocorre em qualquer bom jogo.

trêspontotrês
Aprendizagem e gamificação

Um dos mais importantes livros sobre a gamificação é a obra *Gamificar: como a gamificação motiva as pessoas a fazerem coisas extraordinárias"*, de Brian Burke (2015), lançado pela primeira vez em 2014 pela Gartner Inc. Nas primeiras páginas, o autor explica que o livro é uma produção coletiva dos pesquisadores da Gartner, que queriam ir além das obras já publicadas sobre a gamificação – não à toa, o capítulo de introdução do livro é intitulado "Gamificação: indo além do que está na moda".

A razão pela qual os professores devem conhecer esse livro é justamente o fato de ser uma obra tão importante que apresenta, de maneira bem focada, a forma de usar a gamificação para o desenvolvimento de habilidades.

Para propor a aprendizagem no contexto da experiência gamificada, o professor precisa pensar nas habilidades e conhecimentos que são necessários e, mais tarde, desenvolvidos nesse meio. Portanto, os estudos que Burke (2015) publicou são essenciais para uma reflexão acerca do tema, e o autor enfatiza:

Todavia, o aprendizado é às vezes mais difícil, em especial quando a gratificação pelo alcance do objetivo chega muito atrasada... Passar anos na escola e na faculdade se preparando para uma carreira é um processo difícil e lento. O treinamento corporativo é, com frequência, entediante, difícil e nem sempre é algo que esteja conectado aos objetivos do funcionário. Independentemente de se tratar de educação formal, treinamento corporativo ou aprendizado informal, a gamificação oferece um caminho para adicionar motivação às atividades de aprendizagem. (Burke, 2015, p. 49)

Retomando o que discutimos sobre a motivação neste capítulo, Burke (2015) entende que ela é, além de um conceito-base, um grande diferencial da experiência gamificada para proporcionar aprendizagem. O aluno motivado é capaz de aprender algo porque ele sabe qual é a finalidade de seu processo de aprendizado.

A Base Nacional Comum Curricular (BNCC) e as Diretrizes Nacionais da Educação (Brasil, 2018) abordam, de maneira clara, que os alunos devem aprender a transformar informações em conhecimento, mas essas informações precisam estar alicerçadas na realidade e individualidade de cada sujeito participante do ambiente escolar. Em outras palavras, há ciência da finalidade do aprendizado do sujeito: a própria vida.

Aquele aluno que está na escola e aprende um conteúdo que não condiz com seu cotidiano dificilmente se sentirá motivado e envolvido com a sua aprendizagem, uma vez que aprende coisas que não lhe cabem. Como Burke (2015) destaca no trecho reproduzido anteriormente, o caminho da escola e da universidade (para aqueles que chegam à universidade, que ainda é um passo incomum na educação de muitos brasileiros) é longo e difícil, preso na memorização de tópicos para uma prova, como o vestibular.

Apresentando alguns casos reais e contextualizando-os com a questão da aplicação da experiência gamificada para promover a aprendizagem, Burke (2015) indica que, mesmo em um ambiente que aplique as mecânicas dos jogos, é fundamental saber o que os participantes já sabem. Assim, os casos que autor descreve são pautados na ideia de avaliação dos conhecimentos em áreas cruciais para o objetivo da aprendizagem, determinando-se os pontos fortes e fracos de cada um e adequando-se o aprendizado para condizer com a realidade dos participantes.

Sobre esse ponto, convidamos você, leitor ou leitora, a fazer uma pausa e refletir: Será que isso já não é (ou deveria ser) aplicado em sala de aula?

Pela perspectiva da pedagogia, cabe observar, inicialmente, que existem diversos tipos de avaliações, e um deles é a avaliação diagnóstica, em que o professor e/ou o corpo docente da escola, incluindo os coordenadores e gestores, podem conhecer melhor o que o aluno sabe. A avaliação diagnóstica tem exatamente os mesmos princípios que os dos exercícios iniciais da experiência gamificada descrita por Burke (2015): verificar os conhecimentos dos alunos e, ao mesmo tempo, dar suporte ao professor para que ele se prepare para atuar naquilo que já se sabe.

> ## Importante!
>
> Retornando aos estudos de Gee (2007) e Prensky (2006, 2007) por um instante, devemos ressaltar que os autores que pesquisam sobre *videogames* na aprendizagem parecem concordar com Burke (2015), e talvez esse seja um ponto de encontro importante entre a aprendizagem mediada por jogos digitais e a gamificação – o papel do professor não muda, ou não deveria mudar, pois se supõe que o professor não é o único e absoluto detentor do conhecimento. Ele é, na verdade, um mediador da aprendizagem do aluno, favorecendo seu conhecimento prévio e estimulando a transformação de novas informações em novo conhecimento.

Gee (2007) ainda vai além, ao sugerir que tudo o que o professor faz e deve fazer em sala não muda nesses contextos com jogos. Ele continua sendo facilitador da aprendizagem de seus alunos, estruturador dos conteúdos ao planejar suas aulas, influenciador ou mediador do pensamento crítico sobre os conteúdos aprendidos e *designer* de conteúdo, sendo capaz de adaptar sua aula para deixá-la mais adequada e motivadora para seus alunos.

Tendo em vista esses pontos, o que os três pesquisadores apontam sobre a aprendizagem com jogos digitais ou em ambientes gamificados não altera os papéis que já são desempenhados pelo professor diante da aprendizagem de seu aluno. Porém, há preocupações que vão além, em prol de trazer essa aprendizagem para um momento de imersão na realidade do aluno.

O aspecto da imersão é um ponto importante que é articulado por Burke (2015) e Gee (2007), visto que proporciona uma aprendizagem mais significativa. Conforme Gee (2007, p. 114, tradução nossa),

> *Para uma aprendizagem eficaz, humanos precisam de informação acessível, mas encontram momentos difíceis ao lidar com isso. Eles também precisam de imersão em contextos de prática reais, mas eles podem achar tais contextos confusos sem informação acessível e orientação. Esse é o dilema entre contar algo abertamente e a imersão em prática que tem caracterizado debates educacionais há anos. Educadores tendem a polarizar o debate enfatizando uma coisa (o contar ou a imersão) em vez de outra e não discutindo maneiras efetivas de integrar os dois.*

As considerações de Gee (2007) refletem no quão importante é a questão da imersão, que torna a aprendizagem mais significativa e prática. Não é apenas "transmitir" o conhecimento, mas proporcionar o encontro do aluno com o conteúdo, com a sua realidade, unindo todos os aspectos para uma aprendizagem que seja condizente com a vida em sociedade que o aluno enfrenta fora dos muros da escola.

Podemos definir, então, que a gamificação pode expandir os horizontes da aprendizagem do aluno, se o professor tiver ciência daquilo que seus alunos já conhecem. Nessa direção, o docente estabelece práticas imersivas e contextualizadas, que auxiliem o aluno na transformação de informação em conhecimento.

trêspontoquatro
Elementos dos jogos na gamificação

Se a cultura dos jogos permite que a individualidade e a coletividade existam no mesmo ambiente ao mesmo tempo, podemos pensar que esse é um primeiro passo para considerarmos a aplicação da gamificação em contextos educacionais por meio da transposição das mecânicas.

Como você já deve ter percebido, a ideia da cultura dos jogos é muito vasta, mas compreende principalmente os jogadores como criadores, disseminadores e como o próprio conteúdo. Esse detalhe faz toda a diferença nos estudos da aprendizagem mediada por jogos digitais e, também, na gamificação.

É necessário ter em mente que essas propostas se baseiam na ideia de uma agência do aluno – o aluno é responsável por sua aprendizagem, e o professor age como mediador do conhecimento. A ideia de agência já é aplicada nos jogos, sejam eles digitais, sejam eles analógicos, e constitui o fundamento das comunidades e dos grupos de afinidade passional que Gee (2010) menciona, afinal, o conhecimento de cada indivíduo ajuda, explica, corrobora o todo.

Com base nessa reflexão, podemos pensar um pouco mais nos conceitos que fomentam a gamificação – relembrando que a própria gamificação é um conceito que contempla a aplicação de mecânicas de jogos em outros contextos, não necessariamente lúdicos ou divertidos.

Por isso, vamos começar pelo próprio conceito de *mecânica*. Já o abordamos no capítulo anterior, mas vamos aprofundar a análise de pontos importantes relativos a esse tema.

3.4.1 Mecânicas de jogo

Como vimos, a mecânica de um jogo é aquilo que o faz funcionar da maneira adequada, partindo do princípio de que vai promover interação e motivação o suficiente para que o jogador se sinta desafiado a continuar.

Para Kumar e Herger (2013), as mecânicas de um jogo são como as cores na paleta de um pintor. É por meio de sua mistura que a pintura toma forma; contudo, não basta apenas sair adicionando cores a uma tela: é necessário pensar em cada elemento e criar uma composição.

Podemos até dizer que uma mecânica é uma espécie de **regra**, que garante o bom funcionamento de um jogo, que governa a ação dos jogadores e indica o que pode ou não ser feito de acordo com o que é estabelecido pelo desenvolvedor do jogo. Além disso, as mecânicas funcionam para os jogos digitais e analógicos, pois as especificidades da articulação do jogo nascem das mecânicas.

Portanto, sem mecânicas, os jogos não funcionariam e, se funcionassem, talvez não mantivessem seu público tão engajado. Já pensou como seria jogar Monopoly sem saber o que fazer com cada peça? De que serviria ter dinheiro e propriedades se não houvesse nada para guiar os jogadores? É como as cores em uma tela, na comparação de Kumar e Herger (2013) – não adianta dispor os elementos sem funcionalidade, sem uma articulação entre eles.

Cada jogo funciona com várias mecânicas ao mesmo tempo, que são condições para a progressão e a vitória, por exemplo. Ademais, nem todos os jogos são construídos sobre as mesmas mecânicas, o que torna importante, então, conhecer quais são essas mecânicas, uma vez que estão entre os conceitos básicos da gamificação.

3.4.2 Desafios, recompensas e realizações

Anteriormente, discutimos vagamente as ideias de desafio e de recompensas. Agora, vamos contextualizar as mecânicas para aprofundar o entendimento e enfocar um novo conceito: a realização.

Super Mario é um famoso personagem de *games*. Sua história começa em 1985 como um jogo em 2D (duas dimensões), no qual a missão do jogador era salvar a princesa Peach. Curiosamente, essa ainda é a mesma missão desde o início – o que mudou foram as princesas a serem salvas, mas sempre há um vilão que sequestra a princesa que Mario deve salvar.

Considerando essa experiência que se repete no decorrer do tempo, concluímos que a recompensa do jogo é sempre a de salvar a princesa, porém é a ideia dos desafios – sejam as fases em que Mario pode voar, sejam as fases em que ele está embaixo da água – que motiva os jogadores a retornar ao jogo ano após ano, mesmo depois de 20 e tantos jogos.

Como Alves (2015, p. 45) explica, os desafios podem ser o objetivo proposto para o jogador, que "mobilizam o jogador a buscar o estado de vitória". Por outro lado, a recompensa é o benefício recebido por ou para cumprir o desafio, representado por distintivos, vidas e, até mesmo, a chance de jogar mais uma vez.

É claro, então, que o desafio é a condução do jogador pela sua trajetória no jogo e que a recompensa é o que é ganho pelo jogador antes ou depois desse desafio. Por sua vez, o ponto de articulação entre essas duas mecânicas é chamado de **realização**. As realizações, como Alves (2015, p. 46) descreve, "são os mecanismos de compensar o jogador por cumprir um desafio", ou seja, um mecanismo que existe com o propósito de articular as duas coisas, pôr em funcionamento duas mecânicas distintas, mas codependentes.

Em Super Mario World, muitos fins de fase são marcados por um portão com uma barra horizontal que sobe e desce. Ela está lá para marcar justamente o ponto em que a fase acaba, completando o desafio. Contudo, ela serve para mais um propósito: dar pontos ao jogador, que pode conseguir bônus quando alcançar 100 pontos.

Assim, quanto mais alta essa barra estiver quando o jogador passar por ela, como se a atravessasse ou cortasse, maior será a pontuação que o jogador receberá, até um máximo de 50 pontos. Uma vez que atravessar esse portão com a barra horizontal significa o fim da fase e, ao mesmo tempo, a garantia de ganhar uma recompensa para um futuro bônus, ela se torna uma realização. É a combinação dos dois elementos que faz com que o jogador tenha um momento de completude em relação ao desafio, colete seus pontos para o bônus e fique na expectativa de chegar ao fim da próxima fase.

3.4.3 Conquistas, placares e *feedback*

Quando a realização entra em funcionamento, ofertando uma recompensa ao jogador que cumpriu um desafio, é dado um *feedback* ao jogador. Apesar de ser claro que a recompensa indica um estado de vitória, como Alves (2015) classifica, também é sinalizado que o jogador está no caminho certo, ou que está seguindo como o esperado.

Apesar de esse ser um bom exemplo, o *feedback* não necessita apenas de uma recompensa, podendo assumir diferentes formas. Alves (2015, p. 45) conceitua *feedback* como a mecânica que faz com que o jogador perceba que o objetivo é alcançável, "escolhendo estratégias diferentes quando aplicável".

Vamos retomar o personagem Super Mario como exemplo de nossa análise do *feedback*, pensando em como ele também se articula com outras mecânicas. Uma forma comum de *feedback* é a existência de um **placar**, que permite ao jogador acompanhar uma somatória de pontos por suas ações.

Em Super Mario, que conta com vários jogos *single-player* (jogo individual, apenas para um jogador), é comum que exista um placar no canto superior da tela. Esse placar, conforme o jogador realiza determinadas ações, vai subindo e adicionando novos pontos. Isso acontece quando o jogador encontra o dinossauro Yoshi, chega ao meio da fase, come um cogumelo para fazer Mario ficar mais alto e pula sobre as tartarugas.

Pode parecer um exemplo simples e superficial, mas o placar é uma forma muito eficiente de *feedback*, que possibilita ao jogador ter ciência de que ele está no caminho certo, rumo ao final da fase ou do desafio, por exemplo. No caso de um jogo competitivo com vários jogadores, como Super Mario Kart, a pontuação permite que o jogador se compare com o progresso de outras pessoas para medir sua progressão.

Uma forma mais recente de *feedback*, muito comum aos jogos digitais de diferentes plataformas, é a conquista. Também chamadas de *achievements*, as conquistas são marcas de um feito do jogador durante o jogo, não necessariamente ao final. Existem conquistas de todos os tipos, com imagens diferentes e troféus virtuais, e elas instigam o jogador a prosseguir ao mesmo tempo que lhe dão um indicativo de ter alcançado um novo patamar no jogo (Alves, 2015).

A conquista pode ser desbloqueada porque o jogador conseguiu finalizar uma fase ou um *boss* (chefão) e pode progredir para a próxima área, mas também há conquistas em alguns jogos que são oferecidas ao jogador por sua habilidade de exploração – encontrar uma sala secreta ou um artefato escondido.

3.4.4 Coleção e exploração

No jogo Portal 2, que é o segundo jogo de uma aclamada série de jogos de estratégia e quebra-cabeça, há muitos itens escondidos. Em um deles, o jogador precisa elaborar uma estratégia que dê conta de levá-lo para uma escadaria secreta, na qual ele encontra artefatos dos antigos trabalhadores da corporação e, ao fazê-lo, uma conquista é desbloqueada.

Essa não é, necessariamente, uma forma de *feedback* diretamente relacionada ao progresso do jogador, mas à sua habilidade de exploração, uma mecânica muito utilizada em jogos com mundo aberto (sem uma linearidade que conduz o jogador) ou naqueles que trazem itens escondidos, como é o caso do jogo Portal 2.

Para Alves (2015, p. 46), essa mecânica diz respeito aos resultados implícitos no contexto "do *game* ou sistema gamificado", que pode ser baseado em investigar, buscar um objeto, fazer uma determinada ação ou explorar até "alcançar um resultado".

No geral, a exploração trabalha a motivação do jogador por meio de sua própria curiosidade. É no desejo de saber o que está escondido em algum lugar ou qual é a razão de uma porta estar ali, apenas esperando para ser aberta, que se encontra o prazer de prosseguir.

Portal 2 trabalha muito a curiosidade do jogador como fator de motivação, pois é impossível jogar sem ceder ao desejo de explorar a corporação em ruínas. Ainda que essa exploração não renda nenhum ponto ou objeto específico, porque essas mecânicas não estão presentes no jogo, ela rende algumas conquistas que são motivo de orgulho para vários jogadores dessa comunidade.

Diferentemente de Portal 2, alguns jogos permitem que o jogador carregue, dentro do próprio jogo, um objeto que seja representativo de sua conquista. Muitos jogos oferecem recompensas colecionáveis ao jogador, e as coleções acabam sendo uma mecânica de *feedback* e incentivo ao progresso e à exploração.

Jogos como WoW e Fortnite oferecem *skins* (roupas coloridas ou personagens modificados) e *armors* (armaduras que protegem e deixam os personagens mais fortes). Em outras palavras, elementos de vestuário e armadura dos personagens são representações da conquista dos jogadores, seja por meio de missões, seja por meio do enfrentamento de um chefão, por exemplo. Há, ainda, itens colecionáveis que o jogador pode comprar e, apesar de serem comuns entre os jogadores, há quem veja isso como algo desnecessário, pois se torna muito mais interessante (e motivador, claro) passar horas na busca por um único objeto que mostra o quanto aquele jogador se dedicou para isso.

3.4.5 Avatares e transações

A principal razão pela qual *skins* e armaduras de jogo são tão cobiçadas está relacionada a um dos elementos mais admiráveis e característicos dos jogos *multiplayer* (jogos coletivos, competitivos ou cooperativos, para muitos jogadores). Em jogos com vários jogadores, a forma mais fácil de personalizar a experiência é permitir que o jogador crie o próprio personagem, com características, acessórios e roupas que desejar.

Por isso, ter uma coleção de vestimenta e armadura pode até parecer simplório à primeira vista, mas é objeto de alegria e orgulho para muitos jogadores. Em um jogo com milhões de personagens andando de um lado para outro no mapa, ter algo de destaque é certamente uma razão para sentir-se parte do grupo.

Assim, ter um avatar que seja conhecido por ser único ou aquele que tem a espada do chefão (possivelmente após muitos dias tentando) faz com que o jogador se sinta ainda mais imerso na experiência. Como explica Alves (2015, p. 46), essa "representação visual" possibilita que o jogador crie sua identidade visual no espaço do jogo, reconhecendo-se e reconhecendo os outros.

Entretanto, como já mencionado, muitos jogadores dão um lucro extra para as desenvolvedoras de jogos ao comprar armaduras e *skins*. Nesse ponto, podemos pensar em duas formas de transação comuns aos jogos digitais.

No caso de WoW, há muitos itens colecionáveis nos quase 20 anos do jogo. Desse modo, muitos jogadores se tornam caçadores das relíquias da história do jogo e acabam revendendo-as dentro da Auction House, a casa de leilões virtuais do jogo. Nesse espaço, os objetos vendidos são comprados por outros jogadores usando-se a moeda do jogo.

Há, no entanto, um mercado paralelo de objetos colecionáveis que faz com que pessoas paguem com dinheiro real por um objeto do jogo. Além disso, como se não bastasse pagarem para outros jogadores, muitos compram diretamente da loja do jogo, que vende todo tipo de objeto colecionável – *pets* (bichos de estimação), montarias, armaduras, cenários etc.

A transação é, então, uma das mecânicas mais comuns dos jogos, mesmo antigamente. Alguns jogos sempre mantiveram o jogador interessado em juntar dinheiro para comprar objetos de vendedores do jogo, programados para vender objetos, alimentos e roupas, por exemplo, o que também incentiva o jogador a progredir.

3.4.6 Pontos e níveis

Se um jogador se sente realizado com um objeto novo, que o faça se destacar entre os demais por ter um avatar único, pense o que significa ter uma excelente pontuação em jogo! Em termos de jogos competitivos, isso é crucial.

Para Alves (2015), os **pontos** representam o acúmulo que o jogador fez por meio de placar, por exemplo. Os pontos são uma forma de *feedback* e, também, de interação entre os jogadores pela cobiçada vitória, indicando quem mais se destaca e quem não teve um desempenho tão bom. Esse é um fator comum sobretudo nos jogos competitivos de equipe, como jogos de tiro e de estratégia em tempo real.

Muitas vezes, os jogos oferecem um sistema de **nível** com base nos pontos: cada vez que o jogador alcança um número determinado de pontos, ele passa de nível e sua contagem é gerada. Alguns jogos chamam esses pontos de **experiência**, no qual cada ação é equivalente a uma quantia de pontos de experiência e, sempre que o jogador junta o requerido, ele passa de nível e desbloqueia novas fases, novos desafios e pode continuar seu jogo.

Em WoW, os jogadores acumulam pontos de experiência por completarem missões, participarem em atividades coletivas e enfrentarem chefões. No primeiro nível, os jogadores recebem poucos pontos, mas também precisam de poucos para subir de nível. Com a progressão do jogo, a quantia de experiência a ser acumulada em cada nível aumenta proporcionalmente em relação aos desafios encontrados pelo jogador.

Já em Super Mario, os pontos acumulados servem apenas como placar individual para que o jogador tenha noção de seu progresso naquela fase. Não há qualquer nível ou experiência, apenas a progressão natural e linear do jogo.

3.4.7 Vitória

Tendo examinado os conceitos de muitas mecânicas do jogo, precisamos pensar na principal razão de todas elas existirem, além de regular as ações do jogador dentro de um jogo ou do sistema gamificado, bem como garantir sua motivação.

É claro que a vitória e suas condições são uma mecânica essencial no jogo, e ela depende do fato de todas as outras mecânicas escolhidas para o jogo ou para a gamificação funcionarem adequadamente, assim atingindo o ápice.

Alves (2015) lembra que existem várias formas de se obter uma vitória em um jogo ou gamificação – pode ser um time vitorioso, aquele que alcançou o maior número de pontos em um placar ou, até mesmo, aquele que eliminou o maior número de jogadores ou invasores, por exemplo.

A ideia da vitória é exatamente definir que cada componente do jogo funcionou da maneira adequada: o desafio proposto foi cumprido e o jogador pôde receber uma recompensa; o *feedback* instigou o jogador a superar momentos difíceis e o incentivou a continuar; o jogador soube articular seu progresso, monitorando-o por meio de placar, coleções e/ou conquistas; o avatar representou o jogador adequadamente no contexto.

Se pensarmos em todas as mecânicas analisadas até agora, ainda que nem todas sejam aplicadas ao mesmo tempo em todos os jogos, devemos ter em mente que elas precisam estar presentes e funcionar a ponto de garantirem que exista uma vitória ou um vitorioso.

No caso de Monopoly, em que apenas um jogador é o vencedor, é importante que a vitória e as condições dela sejam plausíveis o suficiente para que o jogador não fique frustrado e desista de jogar novamente. O mesmo acontece em jogos digitais, como WoW e Super Mario, em que o jogador se sente motivado a continuar mesmo se fracassar.

Considerando-se essas mecânicas e os conceitos aqui examinados, como é possível articulá-los em prol de uma aprendizagem mais significativa e condizente com o que se espera por meio da gamificação?

trêspontocinco
Exploração das mecânicas dos jogos na gamificação

Conhecer as mecânicas dos jogos é um passo importante para a implementação das experiências gamificadas em sala de aula. Mas não basta ao professor apenas saber quais são. É preciso entender como aplicá-las em sala de aula a fim de promover uma aprendizagem condizente com o esperado: significativa e crítica.

Primeiramente, retomemos o que Burke (2015) indica sobre a aprendizagem e a gamificação. Como vimos neste capítulo, a gamificação gera motivação durante um processo de aprendizagem que pode ser longo e cansativo. Há a expansão do ambiente e quebra-se a barreira da sala de aula, proporcionando imersão e contextualização na realidade dos alunos, que já não estão dispersos, mas focados, e utilizam habilidades variadas e conhecimento prévios, que o professor identificou por meio de uma avaliação diagnóstica.

A aprendizagem é, certamente, um progresso. Isso quer dizer que habilidades e conhecimentos estão em constante construção e transformação, sobretudo o que é preexistente, que se torna a base do próximo conteúdo. Portanto, as mecânicas da gamificação devem facilitar esse processo, evitando o que Burke (2015, p. 63) chama de "lacunas no aprendizado que venham a prejudicar os alunos".

Outro ponto a ser considerado nesse contexto é o que abordamos no capítulo anterior, ao mencionar a questão da identidade, da personalidade e do sistema individual de crenças. A aprendizagem também está relacionada a esses três elementos, o que permite ao professor tentar aproveitar esse momento para desenvolver outras habilidades, como as apontadas por Prensky (2007) – habilidades inter/intrapessoais, julgamento e lógica, por exemplo.

Os avatares permitem um excelente trabalho com identidades, possibilitando até mesmo que o aluno tenha a experiência de estar no lugar de outra pessoa e encarar os percalços e desafios de alguém. Por meio do desenvolvimento da empatia, nesse caso, o aluno pode aprender mais sobre suas particularidades e a conviver com o outro, considerando sua cultura (e tudo o que faz parte dela) como válida.

Reflita acerca dos dois exemplos que apresentamos na sequência.

Exemplo prático

Depois de fazer uma avaliação diagnóstica de seus alunos, o professor descobre que eles não têm tanto domínio do conteúdo de orações coordenadas, que seria expandido. Para promover a aprendizagem crítica e reflexiva de seus alunos, o professor cria um sistema de nível, sendo que o primeiro nível aborda as conjunções a partir da leitura de fragmentos textuais, o segundo nível apresenta as orações coordenadas e subordinadas, o terceiro nível é pautado nas orações coordenadas sindéticas, e assim por diante. Cada atividade dos níveis proporciona um encontro do aluno com o conteúdo, e é necessário alcançar uma pontuação mínima para passar para a próxima etapa. Existe um sistema de pontuação individual, que não corresponde à avaliação formal e é usada apenas pelo professor para verificar a aprendizagem do aluno.

Esse primeiro exemplo é algo básico, pois são usadas as mecânicas de pontuação e nível para instigar os alunos. Não descrevemos nenhuma atividade porque esse não é o foco, mas observe que a questão do nivelamento foi construída em formato progressivo, o que permite, se for a intenção do professor, que cada aluno progrida no seu ritmo e no seu tempo.

Com o placar individual, os alunos podem ter uma noção de seu progresso individual, decidindo voltar ou avançar em relação ao conteúdo. O aluno se sente motivado em prosseguir e, além disso, o professor medeia essa aprendizagem por meio da mecânica de *feedback*, que oportuniza ao aluno a possibilidade de ser "autor" da própria aprendizagem.

> ## Preste atenção!
>
> Outro detalhe é a integração do conteúdo de sala de aula (orações coordenadas) com a ideia da experiência gamificada. Claro que as atividades pensadas pelo professor devem ter uma ligação com o conteúdo e com aquilo que o aluno deve atingir, sobretudo quando o currículo educacional ainda é rígido e engessado, porém a questão dos níveis, da pontuação e do *feedback* confere um aspecto mais confortável à aprendizagem do aluno, pautada em sua participação ativa e no desenvolvimento crítico de seu conhecimento.

Além disso, perceba que, nesse exemplo, o professor explorou as conjunções em fragmentos textuais, ou seja, em contextos reais de uso. É importante enfatizar aqui, mais uma vez, que o ensino da língua em contexto prima pela educação com práticas linguísticas. Não se trata de utilizar a gramática de modo isolado, mas de encontrar caminhos para explorá-la em seu uso real.

O desenvolvimento crítico do conhecimento, como mencionado anteriormente, só acontece quando todos os objetos de estudo estão integrados, e a gramática, quando enfocada separadamente de seus espaços de uso, é artificial. Assim, a experiência gamificada deve ser o palco de tais contextos ou explorá-los, para que o aluno possa aprender de forma significativa.

Exemplo prático

Um professor está tendo dificuldade com o trabalho acerca de gêneros textuais. Para explicar a seus alunos alguns gêneros comuns, como bilhete, carta e anotação, o professor seleciona trechos de filmes e seriados, para que os alunos possam visualizar esses gêneros textuais em contexto. No entanto, muitos alunos não conseguem transpor isso para sua realidade. Assim, o professor pede que cada um dos alunos crie um personagem, descrevendo quem e como ele é. Após a criação dos personagens, os alunos recebem uma carta misteriosa de um outro personagem, criado pelo professor, que lhes pede ajuda para descobrir um grande tesouro. Para isso, os personagens devem escrever bilhetes para os colegas informando o que sabem, escrever uma carta para o professor pedindo ajuda e compor uma lista de anotações sobre a carta que leram.

Apesar de esse exemplo ter o perfil do ensino fundamental, não seria de se estranhar sua aplicação em contextos do ensino médio ou da graduação, por exemplo, pois a escrita é um desafio para alguns alunos. De todo modo, trata-se de um exemplo perfeito para alunos mais jovens, no qual se identificam algumas mecânicas que evidenciam a atividade que o professor escolheu.

Um dos destaques dessa prática é a própria questão da criação de personagens, em que se aplica a mecânica de avatar. Como você viu, criar um personagem ajuda o aluno a se situar e, no caso do exemplo, a estar dentro do contexto. O aluno pode criar o personagem que quiser e será representado por ele durante essa experiência.

Outra mecânica que está em evidência nesse exemplo é o trabalho com a narrativa. Lembre-se de que, como Alves (2015) e Burke (2015) indicam, não é necessário contar uma história em uma experiência gamificada. Contudo, no exemplo, o professor pode ter criado essa narrativa não apenas para ser o fio condutor, mas pelo fato de que ele vai explorar gêneros literários na sequência, como conto ou fábula.

A ideia de ter o *storytelling* empregado nesse contexto condiz com a visão que Gee (2007), Prensky (2006, 2007) e Burke (2015) defendem, uma vez que o aluno aprende por um meio imersivo integrado com o conteúdo de forma mais reflexiva e participativa.

Ao elencar o que os personagens devem fazer, o personagem criado pelo professor age como guia ou mediador do conhecimento, articulando o conhecimento da estrutura dos gêneros textuais ao sistema gamificado. Os alunos estão motivados e comprometidos, conferindo maior atenção ao que é necessário fazer e aprendendo de forma mais engajada.

Talvez o grande tesouro do final venha com a mecânica de recompensa, pois os alunos farão de tudo para encontrá-lo. Vale dizer que, mesmo na gamificação, o grande tesouro não precisa ser algo material, podendo ser uma experiência diferente. Imagine o professor recompensar os alunos com uma aula em um ambiente diferente? Ou ouvir música baixa durante a hora da leitura ou dos exercícios?

Síntese

Neste capítulo, vimos que...

A cultura dos *games* leva em consideração aspectos da individualidade e da coletividade. Há um grande senso de pertencimento aos grupos de afinidade passional e às comunidades de prática. O jogador, muitas vezes, é o próprio conteúdo do jogo, criando, produzindo e distribuindo conteúdo como autor ou como espectador, recebendo e dando *feedback* apenas pela interação com outros membros da comunidade, o que cria novas e diferentes experiências.

A gamificação conta com cinco conceitos-base principais. Alves (2015) explica que dinâmicas, integração, componentes, motivação e mecânicas são partes fundamentais da experiência gamificada e, portanto, conhecer esses conceitos é essencial para desenvolver um bom sistema. As mecânicas e os componentes interagem por meio das dinâmicas, fomentados pela integração de diferentes elementos, o que cria um ambiente motivador e imersivo para a aprendizagem.

A aprendizagem significativa e crítica pode ser oportunizada por meio da gamificação. Uma vez que a aprendizagem é uma atividade progressiva, em que habilidades e conhecimentos são transformados e construídos, a gamificação permite que não existam lacunas na aprendizagem de modo a prejudicar os alunos, levando-se em conta seus conhecimentos prévios antes da abordagem de um novo conteúdo.

A exploração das mecânicas dos jogos digitais no sistema gamificado depende da intenção do professor. Uma experiência de gamificação não precisa conter todas as mecânicas, como *feedback* ou história, mas deve ter uma finalidade. Vale lembrar que o ponto principal da gamificação não é a diversão, mas a aprendizagem, o desenvolvimento de habilidades esperadas e a imersão em contextos.

Atividades de autoavaliação

1. Kurt Squire (2011) comenta que seu amigo fez parte de sua experiência com o jogo, tornando-se um "conteúdo" dele. Esse aspecto diz respeito:

   a. às mecânicas de jogo.

   b. à cultura da participação.

   c. ao desafio do jogador.

   d. à dinâmica de jogo.

   e. ao contexto da experiência.

2. Em qual comunidade não há diferenciação entre as pessoas, todos são autores e leitores, dividindo seu apreço por um objeto, físico ou abstrato, em comum?

   a. Cultura dos jogos digitais.

   b. Grupos de leitura.

   c. Cultura de grupos.

   d. Grupos de interesse.

   e. Grupos de afinidade passional.

3. De acordo com a leitura do capítulo, marque (V) para verdadeiro e (F) para falso:

( ) Elementos capazes de conectar partes da experiência com coerência são chamados de *dinâmicas*.

( ) A integração é a relação estabelecida por dois ou mais jogadores.

( ) A interatividade é considerada um conceito-base da gamificação por Alves (2015).

( ) A garantia de uma especificidade está pautada nos componentes, que usam dinâmica e mecânica.

( ) A motivação garante engajamento mesmo com um desafio complexo.

Agora, assinale a alternativa que apresenta a resposta correta:

a. V – V – V – V – F.

b. F – F – F – F – V.

c. F – V – V – V – F.

d. F – F – V – V – V.

e. F – V – V – V – V.

4. Qual é a relação estabelecida entre a avaliação diagnóstica pela perspectiva da pedagogia e a implementação da gamificação?

a. O sistema de pontuação da gamificação e as avaliações diagnósticas têm o mesmo propósito: garantir a vitória.

b. A avaliação diagnóstica permite que o professor premie o melhor aluno ao fim da experiência e de tudo o que ele aprendeu nessa oportunidade.

c. A avaliação diagnóstica permite que o professor verifique o conhecimento prévio dos alunos antes da experiência gamificada, de modo a poder conduzi-la com base nesse mesmo conhecimento.

d. O sistema gamificado depende de uma avaliação diagnóstica para saber quem são os ganhadores.

e. O professor deve usar a avaliação diagnóstica para reconhecer o desempenho dos alunos na gamificação.

5 . De acordo com a leitura do capítulo, marque (V) para verdadeiro e (F) para falso:

( ) Um desafio é um objetivo proposto para o jogador.

( ) Uma conquista é sempre referente ao placar do jogo.

( ) O jogador pode ganhar objetos e itens únicos no jogo, que são parte de uma coleção.

( ) Um sistema de pontuação pode ser substituído por um sistema de pontos de experiência de acordo com o jogo.

( ) A condição de vitória pode mudar de acordo com o jogo ou com a experiência gamificada.

Agora, assinale a alternativa que apresenta a resposta correta:

a. V – V – V – V – F.

b. F – F – F – F – V.

c. F – V – V – V – F.

d. V – F – V – V – V.

e. F – V – V – V – V.

6. Um professor aplica uma mecânica em sua experiência gamificada que permite aos alunos saber se estão no caminho certo, além de mostrar que o objetivo é alcançável. Essa mecânica é chamada de:

a. *feedback*.
b. coleção.
c. recompensa.
d. avatar.
e. desafio.

Atividades de aprendizagem

Questões para reflexão

1. Reflita sobre os processos de criação de conteúdo e distribuição que ocorrem no âmbito dos espaços de afinidade passional. Como eles poderiam favorecer a aprendizagem?
2. Como o *feedback* da gamificação pode ser usado como uma forma de acompanhar o progresso de alunos ou equipes, por exemplo?

Atividades aplicadas: prática

1. Escolha um jogo gratuito para plataforma móvel que você conhece ou do qual já ouviu falar. Observe as dinâmicas, as mecânicas e os componentes com atenção. Em seguida, descreva como esses itens influenciam na condição de vitória.
2. Escolha um conteúdo de Língua Portuguesa e crie um exemplo de experiência gamificada utilizando a mecânica de transações. Sua experiência pode ser realizada considerando-se qualquer objeto ou moeda como troca.

um	Concepções sócio-históricas dos jogos e *games*
dois	Gamificação e a lógica dos *games*
três	Gamificação na geração e na mediação do conhecimento

quatro Gamificação na educação

cinco	Gamificação e o ensino de Língua Portuguesa
seis	Experienciando a gamificação

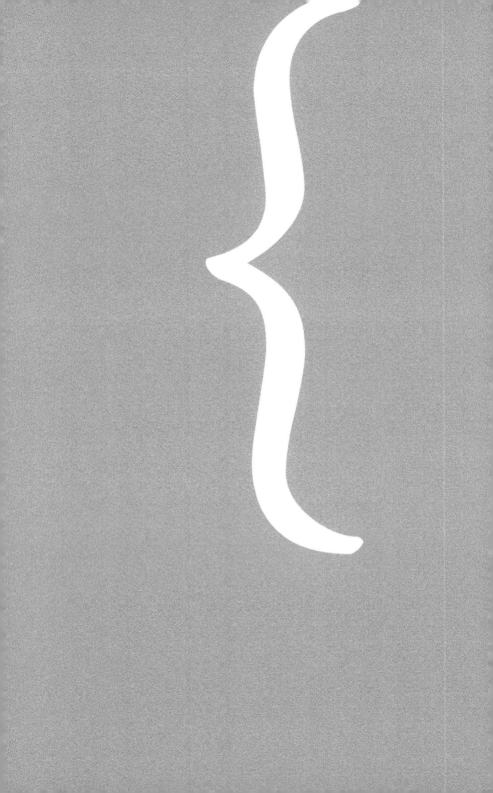

> *"Todos nós fazemos escolhas na vida, mas, no fim, são nossas escolhas que nos fazem."*
> (Andrew Ryan, Bioshock, 2K Games, 2007)

QUANDO PENSAMOS EM gamificação, mesmo depois de termos estudado um bom tanto sobre mecânicas, dinâmicas, componentes e integração, ainda ficamos pensando na questão da motivação. É comum que os professores tenham dúvidas se os alunos, ao ouvirem uma proposta de atividade relacionada ao sistema gamificado, vão criar expectativas sobre um momento de diversão ou vão aproveitá-la tanto quanto o esperado.

Assim, é necessário considerarmos, antes de prosseguir, quem é o aluno que está em sala de aula e que professor esse aluno precisa ter. Não nos cabe julgar a educação e a postura tradicionalista de alguns pares, mas é importante refletirmos sobre as práticas desenvolvidas, que são origem de muita expectativa – e motivação – dos alunos.

quatropontoum
A importância da motivação no processo de ensino e aprendizagem

Para ler um livro como este, teórico, é necessário estar engajado com ele. Isso quer dizer que o leitor sentiu a motivação necessária para continuar a leitura. Como você sabe, a motivação é um fator decisivo nos jogos digitais e nas experiências gamificadas. Qual é a posição de Burke (2015, p. 49) sobre isso?

> O aprendizado ocorre todos os dias e em todos os lugares. Os seres humanos são preparados para classificar experiências e assimilar conhecimentos. Quase sem nenhum esforço somos capazes de aprender uma nova receita e memorizar o horário do ônibus. Isso acontece porque a motivação está intimamente associada à habilidade e ao conhecimento alcançados. O ato de aprender a receita resulta na satisfação de uma refeição deliciosa; aprender e memorizar o novo horário do ônibus pode reduzir nosso tempo de espera, portanto, há uma linha de visão clara entre motivação e aprendizado.

Como já destacamos, a motivação é um fator crucial no desenvolvimento de uma experiência ou de uma atividade, mesmo que ela não seja gamificada ou mediada por jogos digitais. No entanto, como Burke (2015) indica, a motivação está diretamente associada ao conhecimento e ao desenvolvimento de habilidades necessárias para cumprir uma tarefa, o que evidencia que a motivação tem papel importante na aprendizagem.

Um ponto mencionado pelo autor que vale ressaltar aqui é que a motivação faz com que os jogadores estejam engajados em um nível emocional. Para Burke (2015), fazer com que a maioria das pessoas concretize uma atividade diária ou entediante pode ser alcançado por meio de engajamento significativo, que seja profundo e focado, o que também supõe inspirar cada uma dessas pessoas em prol de seu objetivo.

Apesar de o engajamento demandar tempo, é possível fazer isso por meio da motivação, desenvolvida a partir do lançamento de desafios práticos, incentivos e encorajamento, mantendo-se cada indivíduo emocionalmente imerso na experiência ou na atividade. Além disso, por meio dessas mesmas tarefas, o indivíduo aprenderá ou desenvolverá habilidades e conhecimentos e, permanecendo motivado, estará engajado.

Consideramos, então, a motivação novamente como um importante conceito-base, que fundamenta todas as práticas, e não apenas a gamificação. Não é de se duvidar que essa seja, possivelmente, uma excelente ferramenta para a aprendizagem concreta, crítica, reflexiva e significativa que os professores tanto esperam, já mencionada aqui.

Trazendo isso para a realidade, entendemos que os professores precisam pensar em formas de motivar os alunos, podendo utilizar algumas mecânicas já descritas para alcançar esse objetivo. Por exemplo, o uso de recompensa parece uma escolha óbvia, mas é interessante pensar primeiramente nela, pois muitos alunos ainda fazem as atividades pela recompensa final: a aprovação no fim do ano.

Todavia, Burke (2015) aponta uma informação muito pertinente para esta discussão acerca das recompensas; nem toda forma de recompensar alguém é igual. É preciso pensar qual é o objetivo a ser alcançado e qual é o desenvolvimento ou progresso esperado, criando-se recompensas que tenham a ver com essa ideia de progressão. Citando um exemplo gamificado em um hospital, Burke (2015) sugere que a ideia de uma recompensa por nível de dificuldade ou por progressão é uma boa forma de começar.

> A gamificação utiliza primariamente recompensas intrínsecas. [...] a distinção entre ambos os tipos é uma das maneiras pela qual podemos diferenciar a gamificação de outros programas de recompensa. Recompensas internas sustentam o envolvimento porque atuam em um nível emocional, enquanto as externas, embora também possam ser utilizadas na motivação, ocorrem em um nível transacional. (Burke, 2015, p. 7)

O que Burke (2015) chama de "nível transacional" nada mais é do que atingir o mínimo. Em outras palavras, é o aluno que faz o mínimo necessário para garantir que vai passar de ano, que será aprovado na disciplina e assim por diante, sem preocupar-se com o objetivo real de sua aprendizagem.

Supondo que existam, então, dois tipos de recompensa – a intrínseca e a extrínseca –, vamos explorar o que Burke (2015, p. 7) chama de "três elementos da motivação" por meio da gamificação.

4.1.1 Autonomia

Para Burke (2015), a autonomia é um dos elementos da motivação. Como destacamos anteriormente, permitir que o aluno seja agente de seu conhecimento é fundamental para que a aprendizagem seja crítica e significativa para ele. Isso não quer dizer que o professor se torna indispensável, mas que o aluno toma as rédeas e conduz o próprio conhecimento, tornando-se alguém que transforma informação em conhecimento com as próprias mãos.

A autonomia nada mais é do que a vontade, o desejo de assumir o controle sobre algo, incluindo a própria vida. Nos jogos digitais ou de tabuleiro, os jogadores são autônomos, pois estão sempre tomando decisões pautadas em estratégias de uma condição de vitória.

Similarmente, na experiência gamificada, os participantes começam tendo autonomia ao escolherem participar dessa experiência de modo engajado e prosseguem ao fazerem escolhas, tomarem decisões e refletirem sobre como proceder a partir de um desafio proposto. A autonomia os conduz pelo sistema gamificado de modo a beneficiar o desenvolvimento de sua própria vontade.

Os participantes de um sistema gamificado também estão à frente de seus caminhos quando decidem seguir uma ou outra rota, descobrindo a variedade de caminhos a serem percorridos para alcançar um mesmo objetivo.

A autonomia na experiência gamificada igualmente assegura que, ainda que a recompensa, a experiência e o objetivo sejam os mesmos, por exemplo, os passos tomados para participar e se engajar são do próprio participante, o que garante sua motivação intrínseca.

Diante do exposto, Prensky (2006, p. 5, tradução nossa) ressalta um detalhe muito importante e que é necessário trazer à luz nesta reflexão: "Como todos nós, incluindo os adultos que passam incontáveis horas aperfeiçoando habilidades em golfe, pescaria e outros *hobbies*, as crianças amam aprender quando não é forçado". Esse ponto, que Prensky (2006, p. 125, tradução nossa) intitula de "aprendizagem não forçada", resume bem a ideia de autonomia com base nas proposições de Burke (2015), pois a autonomia assegura o progresso conforme as limitações e as afinidades dos participantes e dos alunos.

Sobre isso, Burke (2015) expande a ideia de autonomia ao ponderar como as soluções gamificadas devem estar em consonância com as motivações e os objetivos dos jogadores, não as deixando como pano de fundo da experiência em si. É o que o autor indica ao tratar do propósito da motivação.

4.1.2 Propósito

Quando pensamos na sala de aula e na autonomia que os alunos têm hoje, percebemos que há muito o que mudar, porque as vertentes de uma pedagogia tradicional ainda ocupam os espaços educacionais com força. Porém, não será necessário fazer grandes mudanças se os professores puderem começar com um passo simples: permitir que o aluno se envolva nas escolhas de sua educação.

Nesse sentido, a experiência gamificada, pelo olhar de Burke (2015), supõe que o objetivo, o desafio e as motivações devem se pautar primeiro no participante (aluno) do sistema gamificado, pois é ele que os professores querem acolher e ajudar a aprender. Desse modo, é vital pensar no propósito da motivação de alguém em participar de algo, qualquer que seja esse "algo".

A ideia de ter um propósito está relacionada com a autonomia, pois se entende que o aluno, no domínio de seu próprio conhecimento, pode fazer algo além, maior do que si mesmo. Na escola, o propósito da maioria das crianças ainda é tirar notas e passar de ano, como já discutimos, mas a experiência gamificada pode possibilitar que os alunos cheguem ainda mais longe.

Para Burke (2015), o propósito de uma experiência gamificada tem relação com um de três grandes objetivos, a saber: alterar um comportamento conforme necessário, desenvolver uma nova habilidade e permitir que o participante entenda a proposta de inovação. Então, a gamificação começa e termina com um propósito, de acordo com os objetivos listados, o que garante um aproveitamento do processo todo.

Quando pensamos nos jogos digitais e analógicos, chegamos à conclusão de que, embora muitas vezes o propósito maior seja a diversão, há muito mais por trás disso, como vimos no primeiro capítulo. Essa função do jogo condiz com o que Burke (2015) argumenta sobre o propósito.

Outra ideia que podemos ter a partir de toda a discussão realizada até aqui é a de que há um desenvolvimento, seja de habilidades, seja de conhecimento, seja de comportamento. Os participantes desenvolvem o domínio sobre algo, o que os mantém motivados para continuar.

4.1.3 Domínio

A ideia de domínio no que diz respeito à aprendizagem e à motivação está relacionada com a necessidade de ter um progresso, tornar-se melhor em alguma coisa. Como Burke (2015) aponta, a necessidade de aprimorarmos alguma parte de nossa vida é intrínseca ao ser humano, mas é difícil dar o primeiro passo porque, muitas vezes, falta motivação.

Nesse sentido, a principal forma de garantir o domínio e estimular, ao mesmo tempo, o fator de motivação dos alunos é uma mecânica bem conhecida dos jogos: o *feedback*. Seja em sala de aula, seja na experiência gamificada, seja em uma partida de jogo, o *feedback* torna o progresso observável, permitindo que o participante enxergue o quanto suas habilidades e conhecimentos estão sendo desenvolvidos. O domínio torna-se, assim, algo mensurável e visível.

Há de se pensar que, em qualquer momento da vida, temos sempre um próximo nível. Juntamente com o *feedback*, a ideia de haver um novo nível garante a motivação para progredir, e isso não é só no ambiente gamificado ou nos jogos digitais!

Pense: quando entramos na escola, no jardim de infância, na creche ou na educação infantil, nossas habilidades motoras são desenvolvidas. Brincamos com giz, massinha, mas queremos brincar como as outras crianças brincam, de correr. Depois, no ensino fundamental, queremos aprender a fazer letra cursiva, a usar a caneta, a usar o corretivo. No ensino médio, queremos passar no vestibular, escrever corretamente, decidir quem somos. Depois temos a graduação, a especialização, o mestrado, o doutorado e o pós-doutorado. O caminho de aprimorar-se não acaba quando concluímos a educação básica. Muito pelo contrário, ele se perpetua em nossa vida, independentemente da profissão que escolhemos.

Assim, a gamificação está pautada na existência de um "próximo nível", sempre. Não é necessário que o professor empregue a mecânica de nível, de fato, e sim que o aluno entenda que aquela experiência pode ajudá-lo a alcançar o próximo nível em sua educação.

Lembra-se da experiência que vimos no Capítulo 3 sobre os gêneros textuais, em que o professor permitiu que os alunos criassem personagens para escrever e aprender a estrutura de bilhete, carta e anotação? Se eles aprenderem esses gêneros, estarão prontos para os próximos, o próximo nível na jornada pelos gêneros textuais.

Com **autonomia**, mediante o desenvolvimento do **domínio** de suas habilidades e com foco num **propósito**, o aluno está motivado para investir em sua aprendizagem.

4.1.4 Motivação: intrínseca e extrínseca

Por meio da articulação entre autonomia, domínio e propósito, é possível despertar e motivar os participantes do sistema gamificado, como Burke (2015) defende. No entanto, os fatores de tal motivação podem ter relação com a própria pessoa ou com componentes externos.

Anteriormente, comentamos a proposta do autor sobre a existência de uma motivação que é intrínseca – que vem de dentro, é da própria pessoa – e de uma que é extrínseca – que vem de fora, pertence ao ambiente ou espaço. Então, vamos explorar esse tema um pouco mais com base em Burke (2015) e Alves (2015).

De acordo com Alves (2015, p. 56),

> *A motivação pode ser interna ou externa. Recebe o nome de motivação intrínseca quando é uma motivação interna, ou seja, o indivíduo é movido por suas próprias razões, independente de um estímulo externo. Já quando o indivíduo é movido por um fator externo, ela recebe o nome de motivação extrínseca. A compreensão de ambas e a discussão existente entre elas nos ajudará quando ao conceito Gamification e também será muito útil na arquitetura de aprendizagens gamificadas.*

Assim, podemos pensar que a motivação no contexto de aprendizagem, seja no ambiente escolar, seja por meio de um sistema gamificado, é um assunto complexo, porque a motivação depende de cada indivíduo. É possível, porém, identificar diferentes motivos que correspondem às necessidades ou ao perfil de diferentes alunos, por isso é importante pensar nos fatores externos e internos.

Como disposto por Alves (2015) e Burke (2015), a motivação intrínseca no processo de aprendizagem está em ter o aluno ou o participante interessado, querendo aprender mais sobre o tema em questão. Alves (2015, p. 57) compara a motivação intrínseca com uma situação em que "você se diverte tanto no percurso de uma viagem quanto ao chegar".

A ideia não é transferir a responsabilidade da aprendizagem para o aluno, mas, retomando as palavras de Burke (2015), possibilitar que ele seja autônomo, agente de seu conhecimento. É pensar em soluções para desafiar os alunos ou os participantes, tê-los atentos e imersos na experiência de aprender algo novo.

Para que isso seja possível, professores e proponentes de uma experiência gamificada devem entender que se trata de propor uma atividade que permita ao aluno engajar-se, explorar, investigar e que faça com que ele sinta o desejo de fazer isso por conta própria, por sua curiosidade, e não para obter nota. É o senso de realização do aluno que o leva a estar envolvido com o processo de aprendizagem.

Já a motivação extrínseca, como o nome sugere, é externa. Para Alves (2015), ela está pautada nas pesquisas do behaviorismo*, permitindo controlar o ambiente e o que cerca o indivíduo, mas não aquilo que está dentro do cérebro de cada um.

Como vimos, muitas mecânicas de jogos, quando transpostas para o ambiente gamificado, têm a função de manter o aluno imerso e motivado. Isso geralmente acontece com mecânicas como a recompensa, o placar e a pontuação, uma vez que a necessidade de acompanhar as respostas para atitudes e ações é eficaz em fazer com que o aluno ou o participante queira continuar.

---

* O behaviorismo é uma linha da psicologia desenvolvida por John B. Watson e popularizada com as obras e estudos de B. F. Skinner. Trata-se de uma abordagem sistemática com base na reprodução do comportamento, sobretudo com intervenção de estímulos e controles, como um sistema de *feedback* que reforça ou impede determinados comportamentos (Skinner, 1969).

Um exemplo que pode ser tradicionalista, mas que é uma evidência de como a motivação extrínseca funciona, é justamente o critério de notas em uma aula. Se os alunos são avaliados por participação e por entrega de trabalhos, isso é uma motivação externa, que os faz querer cumprir os objetivos em troca da recompensa, a nota.

Outro fator que aproxima a motivação extrínseca dos estudos do behaviorismo é a questão da mecânica de *feedback*. De acordo com Skinner (1969), grande estudioso da área, um *feedback* positivo incentiva que a ação se repita, enquanto um *feedback* negativo faz com que a ação não aconteça mais.

quatropontodois
As tecnologias digitais e os estudantes

Lembro-me de que, quando comecei na jornada dos estudos sobre os jogos digitais e a gamificação em sala de aula de língua, minha primeira afirmação foi: "Com o passar do tempo, os alunos que participavam da aula deixaram de se interessar por ela, e trocaram a atenção do quadro para celulares, *smartphones*, *notebooks* e *tablets*, sem se dar conta daquilo que estavam perdendo" (Palma; Cruz, 2013, p. 14960-14961). Eu escrevi isso no meu trabalho de conclusão de curso de Letras, há algum tempo.

A verdade é que o tempo passou, e as tecnologias continuam mais presentes do que nunca no mundo, porém precisamos pensar nelas de maneira mais crítica do que eu, no começo da minha iniciação científica, estava querendo expressar.

O que está errado com a frase comentada anteriormente, para início de conversa, é que a atenção dos alunos não passou do quadro para os aparatos tecnológicos digitais. A escola está, muitas vezes, defasada, e os professores estão despreparados para lidar com a sala de aula. Esse fato culmina em distrações não só com aparelhos digitais, mas até com uma bolinha de papel e com o vidro da janela.

Outro ponto se refere à ideia de que os alunos não se davam conta do que estavam perdendo. Nesse caso, deveria ter sido mencionado que muitas das atitudes dos alunos refletem as atitudes dos professores. Se o professor se preocupa em trazer "mais do mesmo", o aluno vai ter igual reação.

Antes de prosseguirmos, vamos analisar alguns conceitos acerca do entendimento de *tecnologia*. Cupani (2011, p. 12) afirma que *tecnologia* é uma palavra com muitos possíveis significados, "não apenas em forma de objetos e conjuntos de objetos, mas também como sistemas, como processos, como modos de proceder, como certa mentalidade".

Preste atenção!

A afirmação do autor evidencia o fato de que tudo é tecnologia – a primeira grande tecnologia da humanidade pode ter sido a escrita e a fala, desenvolvidas com a finalidade de permitir a interação e a comunicação entre as pessoas. Geralmente, ao falarmos em tecnologia, pensamos logo em computadores e aparatos altamente digitalizados, mas esquecemos que a roda e o fogo são tecnologias que ainda permeiam a nossa sociedade.

Cupani (2011) nos convida a pensar sobre o que exatamente é a tecnologia: Seria ela uma coisa ou um processo? Se considerarmos a sala de aula e a integração de diversos recursos ali observada, podemos entender a tecnologia como uma "coisa", mas também como um processo que, como discutido por Brito e Purificação (2011), implica a incorporação de recursos diversificados em sala de aula para promover e desenvolver o ensino e a aprendizagem.

Desse modo, identificamos em Cupani (2011) e em Brito e Purificação (2011) uma visão de que a tecnologia permeia a educação, sobretudo encontrando espaço em celulares, lousas digitais e mesmo no material didático de papel. Como apontado por Oliveira (2013, p. 3), a educação em relação às tecnologias "se vê no mínimo pressionada a reestruturar-se num processo inovador na formação de um ser humano universal", e as tecnologias – sejam coisas, sejam processos – passam a integrar a escola.

McGonigal (2012) apresenta algumas estatísticas interessantes que podemos usar para analisar a relação entre as tecnologias e os estudantes. De acordo com dados de 2010 dos Estados Unidos, 69% dos chefes de família jogam no computador ou em consoles, e 97% da população jovem dedica-se aos jogos igualmente. Outro dado surpreendente é que 40% de todos os jogadores são mulheres, o que comprova que muitas ainda preferem omitir essa informação por medo do julgamento machista nesse espaço.

Se pensarmos nessas informações sobre a população estadunidense, podemos interpretar que há uma tendência em jogar *videogames* que faz parte da sociedade, principalmente entre os mais jovens. Entretanto, os jogos digitais não são as únicas tecnologias que se fazem presentes na realidade das pessoas.

Com a conexão à rede mundial de computadores, a internet, a produção e a distribuição de conteúdo nunca foram tão grandes e tão espalhadas. Se imaginarmos que alguém na Ásia pode postar um vídeo pessoal e, em segundos, um brasileiro pode ter acesso ao conteúdo, começaremos a ter uma dimensão da presença tecnológica em nossa vida.

É claro que, para ter acesso à internet, é necessário dispor de algum aparelho com conexão. Qualquer que seja o caso, estar conectado depende, também, de um provedor de banda. E aí se inicia um problema muito sério que precisamos discutir em termos de acessibilidade.

Maia (2013) comenta que o panorama das tecnologias da informação e comunicação (TICs) e o acesso à internet passaram por consideráveis mudanças. Em 2012, segundo dados do autor, 83 milhões de usuários estavam ativos na internet. Ao mesmo tempo, 63% dos lares brasileiros em que há computador pertencem à classe C, e 66% desse total também dispõe de conexão.

Já segundo os dados colhidos na Pesquisa Nacional por Amostra de Domicílios (Pnad) de 2019, o número total de domicílios no Brasil conectados à internet chegou a 55,6%, um aumento de 6,4% em comparação com o índice detectado pela mesma pesquisa em 2018 (Brasil, 2021).

Outro dado interessante é que

Em 2019, entre as 183,3 milhões de pessoas com 10 anos ou mais de idade no país, 143,5 milhões (78,3%) utilizaram a internet nos últimos três meses. Jovens adultos entre 20 e 29 anos foram os que mais acessaram. O uso é maior entre estudantes (88,1%) do que entre não estudantes (75,8%). Os estudantes da rede privada (98,4%) usam mais do que os da rede pública (83,7%). (Brasil, 2021)

Essas informações nos permitem concluir que o computador já não é mais algo característico unicamente de famílias ricas e abastadas e demonstram que as tecnologias possibilitam, nesses espaços virtuais, o contato entre diversas culturas, da periferia à elite, o que implica uma condição de hibridismo em relação às fronteiras culturais.

Esse processo é chamado de *desterritorialização*, no qual vemos as TICs avançarem para as comunidades minoritárias. Há, também, o que Maia (2013, p. 61) chama de "práticas marginais", que entrecruzam fronteiras reais e virtuais. Nesse aspecto, as tecnologias, no que se refere aos alunos da periferia e com menor poder aquisitivo, apresentam-se como uma forma de acessibilização de cultura e conhecimento e precisam ser levadas em conta no trabalho do professor em sala de aula.

Maia enfatiza (2013, p. 62): "E enganam-se aqueles que acreditam que os grupos da periferia não têm acesso às novas tecnologias e, mais especificamente, à internet", o que possibilita que as tecnologias estejam também em evidência nesses grupos.

Por outro lado, precisamos ter algo muito claro em mente: não é porque um aluno possui um aparelho tecnológico e acesso à internet que ele sabe o que está fazendo e o utiliza de forma crítica, significativa e com a autonomia necessária para desenvolver habilidades e conhecimentos. Como demonstrado pelos dados da Pnad (Brasil, 2021), o uso é maior entre estudantes do que entre não estudantes, e isso pode ser decorrente da pandemia de covid-19 e das aulas *online*.

Não obstante, esse é um dado muito importante para nossa discussão sobre o aproveitamento que os jovens fazem das tecnologias digitais. Como bem lembra Xavier (2011), tecendo uma ponte com os comentários de Andrade, Fernandes e Souza (2019) e Braga, Pinheiro e Rocha (2021), é necessário que o aluno tenha um certo nível de letramento digital para que tenha um verdadeiro aproveitamento do conteúdo disponível na internet.

Conforme defendem Andrade, Fernandes e Souza (2019), a vivência dos estudantes está diretamente relacionada ao desenvolvimento dos letramentos. Em consonância, Xavier (2011, p. 5) observa que "o aprendiz estará apto a refletir sobre um dado conteúdo e a debruçar-se sobre seus detalhes e complexidades com o prazer da curiosidade despertada pelo educador" quando ele compreender por que e como aprender nesses espaços.

Relembrando o que já discutimos, devemos ressaltar que muitos alunos sentem dificuldade de aprender ou se sentem desmotivados porque não aprendem nada que esteja dentro de sua realidade, e essa é uma questão que evidencia uma forma excelente de aplicação das tecnologias. Contudo, para que isso aconteça, é necessário que o aluno e o professor saibam usar esses recursos, o que torna a reflexão acerca da tecnologia ainda mais necessária.

Se a intenção é que as tecnologias estejam integradas ao trabalho dos professores, é preciso que eles conheçam a realidade longe dos espaços virtuais para que possam aproveitar esses espaços *online* também. É essencial ensinar os alunos a utilizar esse espaço de coletividade e considerar que, assim como ocorre com os grupos de afinidade passional e as comunidades de prática dos jogos, esses alunos estarão inseridos em outros grupos e comunidades, nos quais precisam saber se articular e, igualmente, desenvolver noções de segurança.

Da mesma forma, apesar de dizermos que muitas pessoas possuem esses aparelhos, isso não significa que elas os usam de maneira adequada ou que a conexão é estável, por exemplo. A escola pública pode dispor de computadores para os alunos, mas pode não ter conexão ou, até mesmo, um sistema operacional apropriado ou atualizado para cumprir as funções necessárias.

São muitos os questionamentos que precisamos levantar quando pensamos na relação entre os alunos e a tecnologia. Mas é maior ainda a necessidade do uso adequado desses recursos, sejam eles digitais, sejam eles analógicos, em qualquer espaço.

O uso adequado prevê formas seguras, nos âmbitos físico e virtual, de utilizar os recursos, bem como a consciência do que é apropriado para os alunos em termos de conteúdo, faixa etária e outros critérios.

Ademais, tendo em vista a adequação desses recursos em sala de aula, devemos considerar que a habilidade de leitura é fundamental. Anteriormente, ao nos referirmos aos multiletramentos, mencionamos o letramento digital e o letramento crítico, os quais são essenciais, por exemplo, para produções em contextos digitais. O "saber ler" vai além da decodificação de palavras, relacionando-se com a interpretação dos textos escritos, falados ou narrados, e a veracidade das informações divulgadas, entre outros aspectos.

Qualquer recurso a ser utilizado, mesmo que seja um trecho de um texto divulgado em determinada revista, deve ser familiar ao professor. É necessário conhecer, com profundidade, o que será trabalhado pelos alunos, para que se possa evitar momentos de desinteresse, informações erradas e até temas arriscados.

quatropontotrês
Os jogos educativos e a aprendizagem baseada em jogos

Existem diversos gêneros de jogos, da mesma forma que existem variados gêneros de livros, textos, vídeos, filmes, seriados e música. Essa divisão é muito comum nos espaços dessas mídias e de muitas outras, o que, como já discutimos, influencia no modo de o ouvinte/leitor/jogador se relacionar com elas. Isbister (2016) afirma, até mesmo, que diferentes gêneros têm apelos emocionais distintos dentro dos jogos, o que também acontece com as demais mídias citadas.

Em 1997, quando eu ainda era criança, foi lançado um jogo digital do Sítio do Pica-Pau Amarelo, originado com base na série literária de Monteiro Lobato. Como boa fã das aventuras dos personagens Narizinho, Pedrinho e Emília, eu adorava quando as professoras diziam que iríamos jogar, porque eu poderia ter contato com uma história que eu adorava enquanto resolvia problemas de leitura e aritmética para ajudar as crianças a salvar Tia Nastácia. Como Isbister (2016) pontua, a transposição das histórias de Lobato das páginas do livro para um jogo de computador, mudando não apenas de gênero, mas de modo/mídia, era o bastante para mexer com a minha emoção, causando expectativa, ansiedade e motivação.

Quase 30 anos depois, esse jogo ainda me vem à memória quando penso nos tipos de jogos que eu quero ou penso em estudar, simplesmente pelo fato de que, embora o desafio fosse ajudar a cozinheira do Sítio a se recuperar, o objetivo principal era praticar conteúdos que eu havia aprendido em sala de aula de uma forma lúdica e divertida.

Se pensarmos no gênero desse jogo, podemos considerar que ele é um jogo de aventura. Para Prensky (2007), jogos do gênero aventura são excelentes para desenvolver habilidades gerais, como língua portuguesa e matemática; praticar a habilidade de julgar ações e decisões; promover o encontro com processos e encaminhamentos; além de serem excelentes para buscar soluções por meio de análise e observação. Esses exemplos de conteúdo são o básico de um jogo de aventura.

No entanto, o jogo do Sítio do Pica-Pau Amarelo, que fez parte da infância de algumas crianças em território nacional, é um **tipo** específico de jogo: ele é um jogo com finalidades **educacionais**. Ele é lúdico e divertido, tendo como propósito primário a imersão do aluno na conhecida obra literária e o uso de conhecimentos desenvolvidos em sala de aula.

No primeiro capítulo deste livro, abordamos a história de Monopoly, que teve suas origens como um jogo educacional, cuja função era fazer com que as pessoas entendessem a gravidade da situação de haver muitos monopólios. Tempos depois, com a aquisição dos direitos por parte da empresa de brinquedos Parker Brothers, o propósito passou a ser simplesmente **comercial** (Brady, 1974).

Atualmente, são lançados mais jogos com a finalidade comercial do que educacional, o que não é nenhuma novidade. Contudo, há muitos pesquisadores, como Gee (2007), Prensky (2012) e Shaffer (2006), que defendem que há mais para aprender em jogos comerciais do que em jogos educacionais, e isso é um fator que o professor precisa pensar antes de levar um jogo digital para a sala de aula ou desenvolver uma experiência gamificada nesse contexto.

4.3.1 Jogos de entretenimento

Os jogos de entretenimento, também chamados de *jogos comerciais*, são os que discutimos até aqui. Eles são majoritariamente divididos em dois grandes grupos: os digitais (como os de celular, computador e console) e os analógicos (também denominados *jogos de mesa*, que compreendem jogos como os de tabuleiro, cartas e dados).

Antes de escolher um jogo para levar para a sala de aula, Boller e Kapp (2018) recomendam que o professor conheça os dois grupos e interaja com ambos. Assim, ele pode observar no quanto eles diferem, sejam em termos estéticos, seja em termos de jogabilidade, por exemplo. É importante ter noção dessa diferença porque ela impacta diretamente a forma de desenvolver a experiência por meio do jogo.

Os jogos digitais, nesses contextos, são muito utilizados com a finalidade de *e-learning* (aprendizagem em ambientes virtuais ou *online*), enquanto os jogos de tabuleiro têm um foco maior na interação e no engajamento social dos participantes. Independentemente da proposta para a utilização deles, o intuito maior é a comercialização dos jogos como fonte de lucro.

Vale ressaltar aqui o que Boller e Kapp (2018, p. 30, grifo do original) pontuam ao sugerirem que se deve avaliar os jogos quanto ao fator engajamento: "veja que nesse caso nós deliberadamente optamos por não perguntar o que os torna 'divertidos'. Em vez disso, a questão aqui é descobrir o que os torna 'envolventes'. Com frequência, as pessoas pensam nas palavras 'diversão' e 'entretenimento' como sinônimas".

Assim, voltamos a um ponto que já destacamos antes acerca da gamificação: não é preciso que o jogo seja divertido, mas é necessário engajar, motivar e envolver. Isso também acontece com jogos, mesmo com os comerciais, cuja finalidade é entreter. Assim como um filme, nem todos vão oferecer gargalhadas sem fim aos consumidores, e muitos causam uma verdadeira comoção entre os jogadores por tocarem em assuntos pesados, delicados ou tristes.

Tendo esclarecido esse ponto, vamos trazer a perspectiva de Prensky (2006, 2007) para esta discussão e buscar explicar como isso funciona no âmbito da aprendizagem mediada por jogos digitais. Para o autor, jogos de computador e para consoles são um dos passatempos mais engajadores da história da humanidade, e eles podem promover uma forma de diversão, a qual está associada ao prazer e à alegria de jogar, e não a um momento cômico como se espera da diversão.

Prensky (2007, p. 108, tradução nossa, grifo do original) discute algo que já abordamos anteriormente, mas que agora podemos aliar ao conceito de *diversão*, o qual diferenciamos aqui de *comicidade*:

> *Embora diversão pareça frívolo, a alegria e o prazer certamente não são. Nós temos alegria e prazer com muitas outras coisas sérias da vida – nossas famílias, nossas paixões, nossos trabalhos. A alegria, o prazer ou a diversão que temos com essas atividades é a origem principal de voltarmos para elas, de novo e de novo, e há um aumento na diversão no fato de que, quanto mais fazemos essas atividades, melhores ficamos, mais fáceis elas se tornam e mais objetivos somos capazes de cumprir.*

A análise de Prensky (2007) destaca claramente a dicotomia entre a ideia de diversão como algo cômico e ridículo e aquilo que pode ser algo alegre e prazeroso. Essa dicotomia é, muitas vezes, a base para tanta resistência ao uso dos jogos digitais em sala – assim como do sistema gamificado, como já comentamos ao mencionar a possibilidade de ele ser visto com maus olhos.

E não é só isso, é necessário pensar que a aprendizagem mediada por jogos digitais implica o entendimento de que mesmo jogos complexos de entretenimento podem ser utilizados, de modo que Prensky (2006) se pergunta a razão pela qual as crianças continuam jogando e jogando, por longas horas. E a razão parece estar em simplesmente "querer melhorar" (Prensky, 2006, p. 59, tradução nossa), e não em características como livre-arbítrio, violência gratuita ou brigas, como muitos pais e educadores cogitam.

4.3.2 Jogos de aprendizagem

Os jogos comerciais, de entretenimento, são aqueles cuja finalidade é a diversão, conceito aqui empregado como um sinônimo complexo de *envolvimento*, pois a diversão não é necessariamente cômica, como se espera, mais engajadora. Reiteramos, portanto, aquela interpretação de Prensky (2007) segundo a qual a ideia de diversão corresponde a uma forma de falar que algo proporciona alergia e prazer.

Os jogos de entretenimento, todavia, não são os únicos tipos de jogos que existem, apesar de serem os mais desenvolvidos e publicados no mercado mundial de jogos. Boller e Kapp (2018) chamam a atenção para o fato de que há diversos tipos de experiências de aprendizagem interativa, que resultam no aprendizado comprovado, pois essa é sua finalidade.

> ## Importante!
>
> Enquanto nos jogos de entretenimento não há o objetivo de que o jogador alcance outra coisa além da própria imersão e diversão, os jogos de aprendizagem são desenvolvidos com a finalidade de fazer com que os jogadores desenvolvam "novas habilidades e novos conhecimentos, ou [com vistas] a reforçar os já existentes", como Boller e Kapp (2018, p. 40) explicam. Os autores entendem que o propósito desse tipo de jogo é a aprendizagem em si, enquanto nos jogos comerciais a aprendizagem ou o desenvolvimento de alguma habilidade seria um "efeito colateral".

Ademais, Boller e Kapp (2018, p. 40) consideram que

O objetivo final de um jogo de aprendizagem é permitir o alcance de algum tipo de resultado de aprendizagem enquanto o "jogador" está envolvido ou imerso num processo de aprendizado. Jogos de aprendizagem com frequência se apoiam na abstração da realidade e num elemento de fantasia no processo de ensino; em geral eles não apresentam réplicas de situações de vida real. O divertimento dentro do jogo deve estar o mais ligado possível àquilo que estiver sendo aprendido.

Essa declaração dos autores resume bem o que é um jogo de aprendizagem: não se trata necessariamente de uma simulação ou de um contexto real, mas de um jogo desenvolvido para que se oportunize a aprendizagem. Uma simulação, por exemplo, busca reproduzir a realidade e permitir a imersão do jogador – é o que jogos como The Sims e SimCity objetivam, apesar de serem jogos comerciais de grande sucesso, e sem finalidades de aprendizagem.

É importante ressaltar aqui que diferentes autores propõem diferentes nomes para o mesmo tipo de jogo. Enquanto Boller e Kapp (2018) chamam esses *games* de *jogos de aprendizagem*, autores como Prensky (2006, 2007) os chamam de jogos de *edutainment* (uma palavra híbrida formada por *education* e *entertainment* – "educação" e "entretenimento"). Por sua vez, Alves (2015) e Gee (2007) denominam esses jogos de *jogos sérios*. Em virtude de traduções e estudos, todos eles correspondem aos chamados *jogos educativos* no Brasil.

Não são apenas as denominações, no entanto, que alguns autores identificam como diferentes. Enquanto Gee (2007) entende que os jogos são excelentes por se aproximarem de situações reais, oferecendo uma prática contextualizada e mais próxima da realidade, Boller e Kapp (2018, p. 41) enfatizam que os jogos de aprendizagem são eficientes para "imergir o jogador dentro de um determinado conteúdo", ao mesmo tempo que é possível promover "uma experiência abstrata". Assim, Gee (2007) se apega ao quão reais alguns jogos podem ser, além de contextualizados, o que se opõe às ideias de Boller e Kapp (2018) de que os jogos são uma experiência abstrata.

Um conceito que deve ficar bastante claro é o conceito de objetivo no âmbito dos jogos comerciais e dos jogos de aprendizagem. Nos jogos comerciais, há metas ou desafios de jogo – já nos referimos muitas vezes a essa mecânica, relacionando-a, inclusive, à condição de vitória. Por outro lado, nos jogos de aprendizagem, há os chamados *objetivos instrucionais*, que, como o nome mesmo sugere, delimitam algo que deve ser aprendido.

Boller e Kapp (2018, p. 45) indicam, ainda, que muitas pessoas consideram que o jogo de aprendizagem deve ser divertido, mas os autores entendem que ele deve ser "suficientemente divertido". O grande problema está no nível de complexidade que se origina desse ambiente, uma vez que ele pode ser mais difícil e mais parecido com um jogo comercial do que, de fato, um jogo no qual os participantes vão aprender algo.

Por fim, um último ponto a ser destacado, de acordo com os mesmos autores, é que os jogos de aprendizagem devem fazer parte de um contexto de aprendizado mais amplo, sem necessariamente focar a vitória, mas o desenvolvimento e o processo de aprendizagem como um todo. Boller e Kapp (2018) entendem que tanto a vitória quanto a derrota devem proporcionar aprendizagem, descartando-se, assim, o apego à vitória.

quatropontoquatro
Tipos de jogadores

Além dos tipos de jogos, precisamos considerar, também, o tipo de jogador com que o professor tem de lidar. Esse é um passo importante e fundamental para criar a experiência ideal, em um sistema gamificado ou de aprendizagem com base em jogos digitais. Conhecer o público é essencial para elaborar uma proposta condizente com os objetivos dos profissionais da educação.

Antes de começarmos a analisar os perfis, vale destacar que eles são verdadeiros para a gamificação e para jogos digitais. Além disso, se você leu os capítulos anteriores com atenção, viu que enfocamos alguns excelentes exemplos anteriormente, os quais retomaremos nesta seção.

Alves (2015) retoma alguns estudos na área de *games* e de psicologia para delimitar quatro tipos principais de jogadores: *killers* (matadores), *achievers* (conquistadores), *explorers* (exploradores) e *socializers* (socializadores). Apesar de os nomes os definirem bem, vamos descrever melhor esses perfis.

4.4.1 *Killers*: os jogadores predadores

Quando discutimos a presença das mulheres nos jogos, afirmamos que elas são, muitas vezes, vítimas de machismo e de hostilidade por parte de uma comunidade de um jogo. No exemplo comentado, mencionamos como muitas jogadoras deixaram o espaço degradante e nada acolhedor de World of Warcraft (WoW) para jogar Final Fantasy XIV, simplesmente pela questão da comunidade.

Esse exemplo é uma boa ilustração para jogadores com o perfil de *killer*, que Alves (2015, p. 82) chama de "predador", uma vez que eles decidem jogar apenas para vencer, não importando a experiência do percurso. Um jogador desse é capaz de tudo, inclusive anular seu oponente psicologicamente (como é o caso das mulheres que citamos) apenas para atingir a condição de vitória do jogo.

Em *Role-Playing Games* (RPGs) *online* e, principalmente, em jogos de tiro, esse perfil é muito comum. Por exemplo, em WoW existe uma opção chamada PVP (*player versus player*), agora traduzida como JxJ (jogador contra jogador), e muitos jogadores escolhem desabilitar essa experiência para não ter de lidar com jogadores que apresentam esse perfil.

Pode parecer estranho, mas há jogadores que entram em jogos de exploração com outros jogadores apenas para lhes roubar tesouros, matá-los e eliminá-los do jogo. Consideram-se, assim, vitoriosos por destruir outros jogadores antes de tudo.

Alves (2015) enfatiza que esses jogadores geralmente impõem suas ideias aos demais jogadores, atuando com agressividade para se tornarem "líderes" de um grupo, ou apenas agem de forma "intensa" para amedrontarem ou enfrentarem os demais, tentando se sobressair e se destacar entre todos. É comum, também, que esse tipo de jogador prefira jogos competitivos a cooperativos e, em casos cooperativos, dispute espaço mesmo com os pares. Para Alves, (2015, p. 83), "predadores ocupam a posição que demonstra seu interesse em agir sobre outros jogadores".

4.4.2 *Achievers*: os jogadores conquistadores

Enquanto os jogadores com o perfil predador querem a vitória a qualquer custo, incluindo a destruição de seus inimigos dentro e fora do jogo, os jogadores com o perfil conquistador buscam a vitória dentro do jogo e, segundo Alves (2015, p. 83), "querem agir em relação ao mundo".

É interessante o fato de que jogadores com o perfil conquistador têm grande potencial para alcançar o que querem por meios lógicos e estratégicos, sem se preocuparem exatamente com o objetivo a ser conquistado. O que conta para os jogadores desse perfil é o *status* que vão ganhar ao chegarem ao fim.

Os conquistadores, à primeira vista, se parecem muito com os predadores, mas vale apontar que, embora os *achievers* não se detenham às relações sociais dentro do jogo, geralmente são jogadores cordiais e amigáveis, sobretudo porque sabem que podem precisar de parcerias e negociações para alcançar um determinado objetivo em algum momento. Então, não são jogadores que atropelam os demais ou se impõem, mas que apenas se envolvem com a comunidade se necessário e benéfico para eles mesmos.

Anteriormente, nas mecânicas dos jogos, mencionamos as conquistas e as coleções, e esses são comumente os objetos de desejo dos jogadores *achievers*. Jogos de tiro, como Fortnite e Call of Duty, por exemplo, oferecem coleções de armas e *skins* (que são as roupas do personagem, como já vimos). Muitos jogadores almejam chegar a um estágio em que possuem todos os objetos colecionáveis do jogo ou atingem todas as conquistas de um nível.

A propósito, para esses jogadores, nível, pontuação e placar são as formas perfeitas de estipularem seu *status* e entenderem que são melhores. Não há preocupações diretas com a exploração do mapa ou das fases, a menos que seja essencial para seu objetivo.

4.4.3 *Explorers*: os jogadores exploradores

Se os conquistadores querem alcançar o objetivo por meio da exploração, os exploradores querem saber a razão de tudo. Afinal, eles querem explorar, conhecer e sentir o jogo de muitas formas diferentes, sozinhos ou com companhia. Segundo Alves (2015, p. 84), são interessados em "interagir com o mundo do *game*".

Quando tratamos da cultura dos jogos e discutimos sobre a ideia de comunidades de prática e grupos de afinidade passional, destacamos que muitos participantes são leitores e escritores ao mesmo tempo. No caso dos exploradores, eles são comumente caracterizados como jogadores-leitores das comunidades, interessados em ler e estudar formas de explorar e conhecer mais.

Jogos de RPG, como ressaltamos ao abordar a exploração das mecânicas, são guiados por uma história, uma narrativa, e isso faz toda a diferença: os *explorers* querem conhecer o chamado *lore*, a história criada por trás do jogo, o fio condutor de uma aventura. Muitos jogadores compram livros, participam de convenções com criadores e se interessam por tudo o que diz respeito à oportunidade de conhecer mais.

Um traço ambíguo desse perfil é que os jogadores gostam de experimentar, de modo que seu comportamento varia entre sociável e agressivo para que ele consiga entender o que cada um deles é capaz de alcançar, o que é possível conseguir por meio de diferentes formas de agir. Assim, sua preocupação também não é com o social.

Um bom exemplo de jogo para exploradores é Sea of Thieves. Nesse jogo, no papel de um pirata, é necessário conduzir expedições para encontrar tesouros enquanto se navega pelo mar aberto. Outros jogadores podem jogar cooperativa e competitivamente, mas o que é mais importante sobre esse jogo é que ele tem um mapa aberto, de maneira que o jogador consegue ir para onde ele quiser, sem ater-se ao objetivo obrigatoriamente. Dessa forma, esse jogador pode conhecer outras ilhas, postos comerciais e assim por diante, antes de cumprir o objetivo.

4.4.4 *Socializers*: os jogadores comunicadores

O grande amigo de todos no jogo, aquele que geralmente tem mais contatos do que conquistas, é o jogador com perfil comunicador. Alves (2015, p. 84) descreve esse jogador como aquele que está interessado em "interagir com outros jogadores".

Os comunicadores são excelentes em socializar e são muito acolhedores. Aquele mesmo grupo de mulheres mencionado anteriormente trocou de jogo por conta desse tipo de jogador, que é o oposto do predador. É comum, por exemplo, que jogadores comunicadores tenham um perfil cheio de compaixão e preocupação com os outros, de modo que, se um companheiro for vítima de um predador no jogo, os demais agirão em sua defesa, procurando justiça ou revanche.

Felizmente, algumas pesquisas apontam que este ainda é o jogador mais comum nos espaços e ambientes virtuais, de acordo com Alves (2015). São jogadores que, além de grandes jogos *online*, gostam de jogos disponíveis em plataformas móveis e redes sociais, como FarmVille e Candy Crush, em que o cumprimento de objetivos geralmente está pautado na interação com outras pessoas – em Candy Crush, é possível ganhar vidas e pontos com a ajuda de outros jogadores.

Com um traço parecido com o dos predadores, os jogadores comunicadores gostam de ser líderes, organizando e conduzindo seus companheiros. Contudo, em vez de usarem o medo, são bons diplomatas e tentam sempre atender a todos de forma igual, pois entendem que todos os participantes são importantes.

4.4.5 As palavras-chave dos perfis

Com base nos quatro perfis descritos, Alves (2015) sugere que é possível elencar alguns verbos de ação que definem ou engatilham determinados comportamentos de cada jogador. Esses verbos podem e devem ser usados com o perfil de jogador em mente, seja na aprendizagem por meio de jogos digitais, seja na gamificação.

A palavra-chave dos jogadores predadores é competir. Outros verbos de ação relacionados ao perfil são vencer, desafiar, exibir e comparar. Uma vez que esse perfil se preocupa com a vitória, e unicamente com ela, essas são as palavras ideais para motivá-los.

Para os jogadores comunicadores, a palavra-chave é colaborar, pois sua preocupação está em comentar, ajudar, compartilhar e gostar de outros jogadores. São excelentes em jogos cooperativos ou ambientes gamificados em que podem trabalhar em grupos, além de terem um perfil muito adequado para assumir a liderança.

Os jogadores conquistadores são aqueles que gostam de expressar seu *status*, bem como exibir suas conquistas. Assim, alguns verbos de ação muito associados aos jogadores desse perfil são criar, escolher, comprar, decorar e customizar. Eles querem ser únicos e bons no que fazem.

Por fim, explorar é a palavra de ordem dos jogadores do perfil explorador. Suas ações são comumente coletar, revisar e ranquear, sendo leitores muito ativos em comunidades de jogo e excelentes estudiosos da história do jogo.

quatropontocinco
O professor "imigrante digital": principais desafios

Nós temos sorte de nos encontrarmos no começo de algo novo e poderoso. Imagine, se puder, um livro escrito sobre automóveis em 1890. Ou um livro sobre aviões escrito em 1910. Ou um livro escrito sobre computadores em 1950. Os autores de tais livros poderiam dar uma ideia de um fenômeno que começava, com muita promessa. Eles poderiam apontar somente alguns exemplos pioneiros, muitos dos quais falharam. Se eles fossem especialmente espertos, poderiam talvez ter oferecido uma visão do futuro – pessoas viajando 30 milhas por hora, em ruas de duas vias pavimentadas; uma frota de aviões bimotores entregando correspondência em locais remotos; resolver problemas matemáticos complexos em semanas apenas. Quaisquer outras previsões naquele tempo seriam pura ficção científica. Até os próprios pioneiros viam limites: "Não acho que o mundo precise de mais do que quatro ou cinco computadores", Thomas Watson, CEO da IBM, supostamente disse na década de 1950. (Prensky, 2007, p. 2, tradução nossa, grifo do original)

Essa citação, que é parte da introdução do livro *Digital Game-Based Learning*, de Marc Prensky (2007), é uma excelente reflexão para pensarmos em como o tempo e os avanços da humanidade promovem mudanças significativas, de tal modo que, muitas vezes, é difícil até mesmo acompanhar tudo o que existe de novidade. Na área tecnológica, isso é uma constante, pois novidades estão sempre sendo lançadas.

Não obstante, quando Prensky (2007) comenta sobre os espíritos inovadores e pioneiros do final do século XIX e do começo do século XX, podemos pensar que as previsões que eram feitas não poderiam ser confirmadas tão cedo, uma vez que o progresso tecnológico era necessário para o desenvolvimento de recursos que dessem conta de tais suposições e previsões.

Nesse compasso, Prensky (2007, p. 347, tradução nossa) conclui que nenhum professor, mesmo aqueles que são visionários e reconhecem o quão rapidamente as coisas podem mudar, "sabe o que vai acontecer a seguir". Assim como os pioneiros do século passado, os professores estão em sala e, mesmo que tenham tecnologias por perto, ainda sentem dificuldade de acreditar que elas possam ser utilizadas para finalidades educacionais – é o que acontece com a aprendizagem mediada por jogos digitais.

O que Prensky (2007) descreve é o chamado imigrante digital, aquele que nasceu sem o domínio das tecnologias digitais, antes do advento da rede mundial de computadores e da desterritorialização de produção e conteúdo em ambientes virtuais. Por terem nascido "fora" desse contexto, são como "imigrantes" em uma nova terra, explorando, conhecendo e encarando verdadeiras dificuldades para se adequarem ao novo. O próprio autor enfatiza que muitos professores imigrantes digitais ainda são tomados pelo ceticismo, descrentes no potencial que as tecnologias têm e apegados aos métodos tradicionais.

Oposto ao imigrante digital, que não nasceu no contexto tecnológico, está o nativo digital: aquele aluno que dispõe de um computador em sua casa desde que nasceu e viu o desenvolvimento dos jogos de *videogames*, desde os consoles com fitas até os que não requerem mais do que um *download* e uma boa conexão com a internet.

Cunhados em 2001, os termos foram originados pela pesquisa do próprio Prensky (2001, tradução nossa) intitulada *Digital Natives, Digital Immigrants (Nativos digitais, imigrantes digitais)*. Nesse texto, o autor destaca que os nativos digitais, por terem nascido em meio à revolução tecnológica, teriam um pensamento mais acelerado e, assim, as práticas pedagógicas da escola tradicional já não serviriam.

Entre nativos e imigrantes digitais, por assim dizer, há muitas barreiras e espaços a serem cruzados, sobretudo porque o conflito geracional impede que os dois lados conversem adequadamente. Para que isso ocorra, é mais importante que o imigrante digital se atualize e que o nativo digital também se desprenda de suas crenças de que tudo sabe, tudo conhece. Assim, é um trabalho que exige concessões dos dois lados.

Se relembrarmos as falas de Xavier (2011), Andrade, Fernandes e Souza (2019) e Braga, Pinheiro e Rocha (2021), perceberemos que precisamos ter em mente que os professores, mesmo sendo professores e imigrantes digitais, devem lembrar que os alunos nativos digitais carecem de **mediação** e **supervisão** no que tange ao uso das tecnologias digitais. Como já discutimos previamente, o letramento digital não implica apenas fazer intervenções na internet por meio da publicação de fotos e vídeos, mas saber buscar a veracidade em tudo o que é postado, distanciando-se das informações incorretas ou inventadas. Outro item crucial no *checklist* (lista de verificação) da mediação do professor em sua prática, conforme já abordamos também, deve ser a questão da segurança, pois existe uma superexposição de informações pessoais que circulam o tempo todo e, ocasionalmente, os alunos não têm o discernimento necessário para compreender os riscos que correm.

Para Coscarelli e Ribeiro (2019), o letramento digital incorpora elementos da leitura como a conhecemos, mas também deve perpassar o letramento crítico e todos os demais letramentos, sempre se relacionando com a proposição de soluções de problemas.

Em virtude disso, as autoras mencionam os estudos em **multimodalidade** (Coscarelli; Ribeiro, 2019; Kress; Van Leeuwen, 2006). De forma simples, podemos afirmar que a multimodalidade compreende informações disseminadas em mais de um meio, de modo que diferentes letramentos são necessários para a interpretação e a compreensão, bem como a construção de sentido e significado.

Os jogos digitais, que tanto mencionamos ao longo deste livro, são excelentes exemplos de um objeto multimodal, pois são compostos de imagens, vídeos, sons, ações, que se completam a fim de serem compreendidos. Igualmente, quando conversamos com uma pessoa, a interpretação se dá com base não apenas no que é falado, mas na postura, no tom de voz e na escolha de palavras.

Apesar de essa reflexão acerca dos letramentos e da multimodalidade ser importante e de as referidas concessões entre o nativo e o imigrante digital serem necessárias, é preciso considerar, como explica Prensky (2001), que o professor imigrante digital não está preparado para agir diante das tecnologias que são dominadas pelo seu alunado. De certo modo, isso até faz sentido, mas será que o professor está realmente distante da realidade de seu aluno?

Em contrapartida, Kirschner e Bruyckere (2017) já contestam a nomenclatura *nativos digitais*, criada pelo pai da aprendizagem com base em jogos digitais. Os autores acreditam que os professores usam as tecnologias de forma tão ou mais significativa do que seus alunos, apenas ainda não veem potencial educacional nelas, algumas vezes.

Prensky, em 2001, argumentava que essas divergências causam desinteresse por parte dos alunos, porque eles não acreditam que o professor e o conteúdo estejam próximos do que estudam.

Sobre isso, Kirschner e Bruyckere (2017, p. 138, tradução nossa) comentam:

> *nativo digital definitivamente não é a "razão" do desinteresse e da alienação dos estudantes na escola hoje. Essa falta de interesse e alienação pode ser o caso, mas as causas resultam de coisas bem diferentes, como a diminuição da concentração e a perda da habilidade para ignorar estímulos irrelevantes, que pode ser atribuída à constante tarefa de troca entre diferentes dispositivos.*

Portanto, podemos voltar ao tópico sobre engajamento e motivação discutido no decorrer dos capítulos, pois esse ainda parece ser o maior problema apontado pelos pesquisadores e deve ser, certamente, objeto de estudo por parte do professor que se dispõe a se aproximar da realidade de seu aluno.

Por um lado, Kirschner e Bruyckere (2017) contestam o pensamento de quase 20 anos, mas concordam com a perspectiva de Prensky (2001, 2006, 2007) ao enfatizar que a motivação ainda se caracteriza como um grande problema no que tange à ideia de engajamento, participação e aprendizagem.

O que podemos extrair disso é que, independentemente de existirem imigrantes e nativos digitais, há uma divergência geracional entre professores e alunos; no entanto, não é porque um aluno nasceu na era digital que ele tem absoluto domínio de todas as tecnologias emergentes.

Por isso, antes de aplicar uma aula pautada na metodologia de aprendizagem com base em jogos digitais, é preciso que professor e aluno estejam devidamente preparados para esse momento, sobretudo motivados e engajados em prol de uma aprendizagem condizente com a realidade.

Síntese

Neste capítulo, vimos que...

A motivação é fundamental para a aprendizagem, não apenas para a experiência gamificada ou para o jogo digital. Burke (2015) destaca três aspectos fundamentais da motivação, propósito, autonomia e domínio, que devem ser articulados para promover a motivação. Além disso, há fatores intrínsecos e extrínsecos que influenciam no quão engajado e interessado o participante, aluno ou jogador está.

Os alunos e as tecnologias digitais coexistem em um espaço de transformação. Tanto os alunos quanto a população em geral estão, mais do que nunca, presentes nos territórios virtuais. O que acontece é o processo de desterritorialização, no qual as culturas e as criações estão em todos os espaços, de modo que o periférico se mistura ao central e vice-versa. Entretanto, não é porque esse espaço está cada vez mais povoado com conteúdo periférico que as discussões sobre tecnologia e acessibilidade devem cessar.

Jogos de aprendizagem e jogos de entretenimento são diferentes e têm finalidades opostas. O jogo de aprendizagem se vale de objetivos instrucionais, e seu propósito é a aprendizagem de algum conceito ou conteúdo. Por outro lado, os jogos de entretenimento, também chamados de *comerciais*, são aqueles que promovem a diversão. Não entendemos *divertido*, nesse caso, como sinônimo de *cômico*, mas de *engajador* e *envolvente*.

Diferentes jogadores têm diferentes perfis, determinados de acordo com sua ação dentro e fora do jogo. Alves (2015) destaca quatro perfis em especial: o predador, que é aquele jogador que se preocupa em ganhar a qualquer custo, mesmo que precise passar por cima dos demais; o conquistador, cujo objetivo reside em exibir coleções e conquistas, envolvendo-se com outros jogadores somente se necessário; o explorador, que busca conhecer toda a história do jogo, bem como o mapa e os pequenos detalhes; e o comunicador, que está mais interessado na socialização com os demais participantes.

Prensky (2001) entende que existem nativos e imigrantes digitais. Os nativos digitais são aqueles que nasceram com o avanço tecnológico, aprendendo em seu cotidiano como usar as tecnologias digitais. O imigrante digital é geralmente, nesse contexto, o professor, ou aquele que precisa esforçar-se para aprender mais sobre as tecnologias.

Atividades de autoavaliação

1. Relacione cada conceito à respectiva definição:
I. Domínio
II. Autonomia
III. Propósito
IV. Motivação intrínseca
V. Motivação extrínseca

( ) Fazer algo maior do que si mesmo, para além do próprio conhecimento.

( ) Aspectos externos, como notas e participação em sala.

( ) Vontade de assumir o controle sobre a aprendizagem.

( ) Tornar-se melhor, progredir.

( ) Aspectos internos, como autonomia e interesse.

Agora, assinale a alternativa que apresenta a resposta correta:

a. I – II – III – V – IV.

b. III – IV – II – V – I.

c. III – V – II – IV – I.

d. III – V – II – I – IV.

e. V – IV – III – I – II.

2. O que é o processo de desterritorialização, de acordo com Maia (2013)?

a. O encontro de culturas em espaços reais.

b. As brigas por terra e espaço em jogos de estratégia.

c. Autonomia em espaços reais e virtuais.

d. Disseminação de cultura em espaços virtuais, mesmo produções periféricas.

e. Uso de computador por grupos minoritários.

3. A palavra *diversão*, para Boller e Kapp (2018), é sinônima de:

a. envolvimento.

b. cômico.

c. engraçado.

d. entretenimento.

e. brincadeira.

4. Se levarmos em conta que existem diferentes alunos em sala de aula, cada um com seu perfil de jogador, podemos imaginar que haverá jogadores com o perfil predador. Considere esse perfil e sua presença em sala de aula. Como um jogador predador poderia ser prejudicial ao contexto de ensino?

a. Um jogador predador tem verdadeira paixão por cooperar, então seria muito difícil para esse aluno fazer atividades sozinho.

b. Os jogadores predadores, por gostarem de socializar, estão mais preocupados em conversar com os colegas, o que pode acarretar conversas paralelas e distrações.

c. Os jogadores predadores são conduzidos por sua curiosidade inata, bem como por sua capacidade de exploração. Assim, eles avançam mais no conteúdo, implicando a defasagem dos demais.

d. Os jogadores predadores são exibicionistas e gostam de mostrar suas conquistas para todos, impedindo que os outros comemorem as próprias vitórias.

e. Os jogadores predadores buscam a vitória a qualquer custo, portanto podem prejudicar os demais ao deixar que seu espírito competitivo se sobressaia, bem como ao desmotivar os outros.

5. Como é chamado aquele que nasceu e cresceu fora do contexto tecnológico?

a. Nativo digital.

b. Imigrante digital.

c. Gamificador.

d. Explorador.

e. Comunicador.

Atividades de aprendizagem

Questões para reflexão

1. Pense em seu cotidiano e nas pessoas com quem você convive. Por que as ideias expressas por Prensky (2001) e Kirschner e Bruyckere (2017), mesmo sendo opostas, devem ser consideradas diante das tecnologias?

2. Imagine a seguinte situação: o professor está em sala e, ao ligar o computador, observa que o projetor não está funcionando. O professor anda pela sala, verifica se os cabos estão ligados e mexe no *mouse*. Sem muito sucesso, ele começa a ouvir os alunos dando palpites de como fazer o aparelho funcionar adequadamente, sugerindo que aperte algumas teclas no teclado ou tente ligar o projetor com a ajuda de uma vassoura. Com base no que você leu neste capítulo, esse professor pode ser considerado imigrante digital? E os alunos, eles são nativos digitais?

Atividades aplicadas: prática

1. Pesquise dois jogos educacionais (jogos de aprendizagem) e observe o objetivo instrucional de cada um deles. Faça anotações sobre os conteúdos em que esses objetivos podem ser utilizados na disciplina de Língua Portuguesa.

2. Entreviste quatro jogadores. Relacione a maneira de eles jogarem e sua presença no jogo com os quatro perfis descritos por Alves (2015). Analise atentamente qual perfil se sobressai e teça um breve comentário sobre como aquele perfil poderia implicar certas atitudes por parte do professor na sala de aula.

um	Concepções sócio-históricas dos jogos e *games*
dois	Gamificação e a lógica dos *games*
três	Gamificação na geração e na mediação do conhecimento
quatro	Gamificação na educação

cinco Gamificação e o ensino de Língua Portuguesa

seis	Experienciando a gamificação

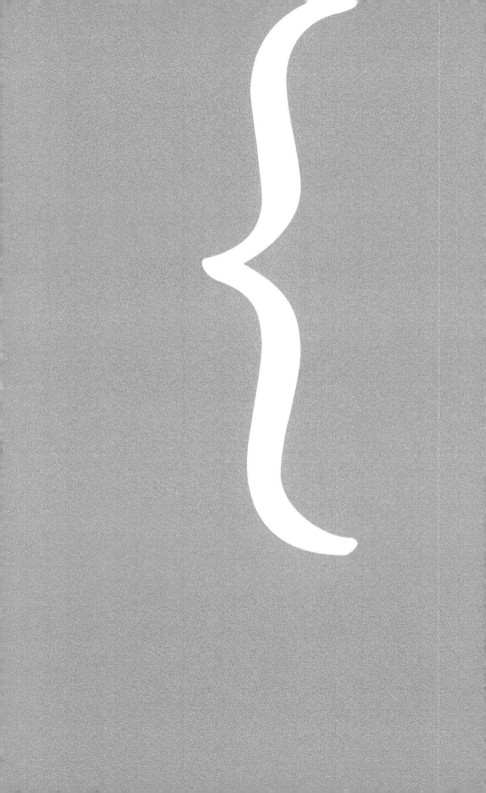

"O mundo está cheio de perguntas sem resposta, além de todos os limites ou razão… As respostas aguardam."
(Lara Croft, Tomb Raider, Square Enix, 2001)

❰ OS PROFESSORES ENFRENTAM muitos desafios em seu percurso. Não se trata apenas de desafios relacionados à implementação de práticas diferenciadas, como a gamificação ou a aprendizagem mediada pelos jogos digitais, mas também das mudanças da educação diante da realidade dos alunos brasileiros, por exemplo. Assim, é necessário que os professores da disciplina de Língua Portuguesa pensem em estratégias para transformar os possíveis cenários da sala de aula.

cincopontoum
Desafios do ensino de Língua Portuguesa

Aos professores cabe a função de garantir a aprendizagem por parte de seus alunos. É inevitável, entretanto, lembrar que os professores ainda se utilizam de métodos tradicionais, acreditando que são os transmissores do conhecimento, aquele que apenas eles têm, e não favorecem alguns aspectos discutidos anteriormente, como o *feedback* do processo de aprendizagem e a autonomia do aluno em seu caminho como transformador de informação em conhecimento.

Também como já mencionamos, há muitas escolas que não dispõem de recursos que possam ser usados na sala de aula e, quando possuem, os professores têm de encarar gestão, pais e responsáveis que veem a ideia da "diversão" como algo cômico em vez de engajador. Muitos dos planos são talhados pela falta de conhecimento do que poderia ser aproveitado – esse é um detalhe que não diz respeito somente à gamificação.

Apesar do que discutimos sobre a desterritorialização da cultura e do conhecimento, sobretudo porque o espaço virtual facilita a criação, a produção, a distribuição e o compartilhamento de artefatos até mesmo oriundos da periferia, é preciso pensar que essas culturas também devem ter mais espaço no contexto da sala de aula.

É fundamental entender que, na condição de professores de língua, é necessário destruir as barreiras daquilo que é considerado "inculto" ou "marginal". Se a internet possibilita a desterritorialização da cultura e a língua é parte da cultura de uma comunidade, é essencial que a aula também seja espaço de exploração desses conteúdos, que os alunos possam ter contato não apenas com os temas que fazem parte de avaliações formais, como o próprio vestibular, mas também com aqueles que os levem a compreender a importância de todas as variantes linguísticas.

Ensinar língua, seja ela materna, seja ela estrangeira, deve fazer com que os professores busquem alternativas para um trabalho crítico com a língua. Se na aula de língua estrangeira os professores estão sempre explorando as raízes da língua, a historicidade por trás daquilo que é ensinado, o que os impede de trabalhar a língua portuguesa da mesma forma?

O que vemos em sala de aula, no entanto, é uma preferência pela norma culta do português, ou uma exclusividade desta, de modo que esse conteúdo produzido pelos grupos minoritários em um ambiente sem fronteira ainda está às margens da escola, e continuará marginalizado se não houver abertura de espaço para ele. De que forma, então, é possível quebrar esses paradigmas?

Vamos retomar, por um instante, as questões sobre as tecnologias. Na Seção 4.2, discutimos que as tecnologias podem ser objetos, mas também podem ser processos ou sistemas, de acordo com Cupani (2011) e Brito e Purificação (2011). Mencionamos, então, que a fala e a escrita podem ser consideradas as primeiras grandes tecnologias da humanidade, o que nos traz para a realidade do ensino da disciplina de Língua Portuguesa.

Não podemos deixar de considerar que novas tecnologias afetaram diretamente as práticas linguísticas. As práticas linguísticas compreendem os diversos usos que fazemos da língua, levando-se em conta sua produção e seu contexto, por exemplo, bem como seu lugar de veiculação. Ou seja, as tecnologias digitais, de modo geral, criaram novos espaços para a comunicação, o debate e a exposição de ideias, gerando novas práticas linguísticas que devem ser analisadas.

Como bem apontado por Andrade, Fernandes e Souza (2019, p. 33), as inovações tecnológicas, sendo elas processos ou objetos, sugerem "a necessidade de analisar e discutir sobre o quão útil essas ferramentas podem ser no processo educacional, na edificação do conhecimento".

Em consonância com essa visão, Braga, Pinheiro e Rocha (2021) observam que a discussão acerca da produção de sentidos e conhecimentos em contextos diferentes é e sempre foi parte dos estudos linguísticos. Para os autores, cada transição (avanço) tecnológica trouxe novas formas de comunicar e, como já apresentado por Andrade, Fernandes e Souza (2019), a língua se desenvolve nesse mesmo passo de progresso.

Tanto Braga, Pinheiro e Rocha (2021) quanto Andrade, Fernandes e Souza (2019) parecem concordar, então, que não é possível falar sobre as tecnologias e as práticas linguísticas sem pensar nos chamados *multiletramentos*.

Introduzida pela primeira vez pelo Grupo de Nova Londres (New London Group, 1996), um grupo de estudiosos e acadêmicos de diversas áreas das linguagens, a ideia dos multiletramentos se pauta no entendimento de que existe uma possível "leitura" de tudo; assim, não existem apenas o letramento e a alfabetização que conhecemos no dia a dia. Com o advento da tecnologia, como comentamos, os letramentos digitais e os letramentos críticos, por exemplo, tornaram-se cruciais – esses letramentos implicam considerar os meios digitais como meio de criação, disseminação e distribuição de todos os tipos de conteúdo, que exigem habilidades de "ler" diferentes de simplesmente ler um livro.

5.1.1 Base Nacional Comum Curricular (BNCC)

O que Andrade, Fernandes e Souza (2019) apontam sobre a relação entre tecnologia e práticas linguísticas é reforçado pela ideia de que novas práticas tecnológicas e linguísticas estão em pauta nos documentos que regem a educação brasileira. As autoras argumentam, por exemplo, que os professores devem ser inquietos e pensar em três perguntas cruciais:

> *a) De que forma os encaminhamentos sobre os usos das tecnologias como recurso didático têm sido abordados no documento recentemente elaborado para nortear a educação nacional na BNCC?; b) Qual a visão dos professores de Língua Portuguesa sobre os usos dessas tecnologias para o ensino? c) Nas práticas contemporâneas de ensino, os professores têm utilizado os aparatos tecnológicos como ferramentas didáticas (caso positivo, como e por quê)?* (Andrade; Fernandes; Souza, 2019, p. 33)

Para mensurarmos os desafios dos professores de Língua Portuguesa e levando em consideração as indagações de Andrade, Fernandes e Souza (2019), precisamos conhecer o principal documento que rege a educação nacional. Criada com fundamento na Lei de Diretrizes e Bases da Educação Nacional (LDBEN) – Lei n. 9.394, de 20 de dezembro de 1996 (Brasil, 1996) –, a Base Nacional Comum Curricular (BNCC) é o documento que norteia o que deve ser aprendido pelos alunos em caráter progressivo.

O documento, homologado e finalizado em 2018 (Brasil, 2018), apresenta um panorama dos conteúdos e componentes curriculares da educação básica brasileira, começando pela educação infantil, perpassando o ensino fundamental, anos iniciais e anos finais, e concluindo com o ensino médio.

Isso quer dizer que qualquer professor atuante na educação básica e na formação de outros professores deve ter domínio desse conteúdo, uma vez que ele é, como o próprio nome indica, a base para a educação brasileira. Ademais, a BNCC destaca as competências gerais da educação, que também pautam o trabalho dos professores e de toda a gestão e coordenação da escola. De acordo com o documento,

> Ao longo da Educação Básica, as aprendizagens essenciais definidas na BNCC devem concorrer para assegurar aos estudantes o desenvolvimento de dez competências gerais, que consubstanciam, no âmbito pedagógico, os direitos de aprendizagem e desenvolvimento.
>
> Na BNCC, competência é definida como a mobilização de conhecimentos (conceitos e procedimentos), habilidades (práticas, cognitivas e socioemocionais), atitudes e valores para resolver demandas complexas da vida cotidiana, do pleno exercício da cidadania e do mundo do trabalho. (Brasil, 2018, p. 8, grifo do original)

No que diz respeito às competências mencionadas nesse trecho, a primeira explicita a importância da valorização e da utilização de conhecimentos históricos para a construção de uma sociedade "justa, democrática e inclusiva" (Brasil, 2018, p. 9). Tendo em vista apenas essa competência, podemos compreender a relevância de um trabalho que tenha a compreensão e o entendimento do mundo em suas particularidades.

Se analisarmos as dez competências elencadas na BNCC, de modo geral, perceberemos que há uma preocupação maior com a valorização cultural e social e, também, com a produção em diversas linguagens. Veja a competência quatro, descrita a seguir:

> 4. Utilizar diferentes linguagens – verbal (oral ou visual-motora, como Libras, e escrita), corporal, visual, sonora e digital –, bem como conhecimentos das linguagens artística, matemática e científica, para se expressar e partilhar informações, experiências, ideias e sentimentos em diferentes contextos e produzir sentidos que levem ao entendimento mútuo. (Brasil, 2018, p. 9)

Essa competência condiz com todas as linguagens, assim como com a linguagem científica e a matemática. Em particular, os professores de Língua Portuguesa precisam promover encontros com as diversas linguagens em sala de aula. Essa promoção pode ser, e muitas vezes é, uma grande dificuldade, pois as muitas linguagens presentes na vida do aluno devem fazer parte da sala de aula, sendo necessário encontrar espaço para cada uma delas.

Quando se considera que essa competência faz referência à expressão de sentimentos, informações e experiências, podemos destacar a parte socioemocional da língua, que também integra o trabalho do professor. Ora, se os professores querem que o aluno se sinta capaz de se expressar, quem sabe melhor a escolha das palavras certas do que o próprio aluno?

Por isso, como mencionamos anteriormente, é necessário que os professores desenvolvam estratégias que possam dar conta de abrir a sala de aula para a partilha e a discussão crítica das muitas formas de comunicação. Assim, torna-se a escola um espaço tão desterritorializado quanto a rede mundial de computadores, pois a cultura também deve ter esse espaço. Sobre isso, cabe ressaltar:

> *Nos Anos Finais do Ensino Fundamental, o adolescente/jovem participa com maior criticidade de situações comunicativas diversificadas, interagindo com um número de interlocutores cada vez mais amplo, inclusive no contexto escolar, no qual se amplia o número de professores responsáveis por cada um dos componentes curriculares. Essa mudança em relação aos anos iniciais favorece não só o aprofundamento de conhecimentos relativos às áreas, como também o surgimento do desafio de aproximar esses múltiplos conhecimentos. A continuidade da formação para a autonomia se fortalece nessa etapa, na qual os jovens assumem maior protagonismo em práticas de linguagem realizadas dentro e fora da escola.*

> *No componente Língua Portuguesa, amplia-se o contato dos estudantes com gêneros textuais relacionados a vários campos de atuação e a várias disciplinas, partindo-se de práticas de*

linguagem já vivenciadas pelos jovens para a ampliação dessas práticas, em direção a novas experiências. (Brasil, 2018, p. 136)

Se o objetivo é oportunizar esse encontro do aluno com a diversidade, os professores precisam estar preparados para, como já vimos, desmistificar o espaço ocupado pela norma culta e pelo apego gramatical, para estudar variantes e variedades linguísticas, agregando cultura e aspectos sócio-históricos nas aulas para darem conta do que é proposto pelo documento.

Um exemplo simples disso é a habilidade EF69LP01 – a habilidade 01 de Língua Portuguesa para o ensino fundamental do 6º a 9º ano: "Diferenciar liberdade de expressão de discursos de ódio, posicionando-se contrariamente a esse tipo de discurso e vislumbrando possibilidades de denúncia quando for o caso" (Brasil, 2018, p. 141).

Para que o aluno saiba efetivamente diferenciar liberdade de expressão de discurso de ódio, é preciso que ele conheça os dois. Assim, cabe ao professor propiciar o encontro do aluno com as diferentes formas de expressão, incentivando seus alunos a perceber recursos linguísticos variados. No entanto, partindo do princípio de que cada pessoa faz uso da língua com base no que conhece – isso inclui o uso de gírias, regionalismos e outras variantes linguísticas –, o professor deve explorar tais diferenças para que o aluno também saiba que um mesmo recurso linguístico pode ser empregado de diferentes maneiras.

Outro exemplo é a habilidade EM13LP11 – a habilidade 11 de Língua Portuguesa para o ensino médio do 1º ao 3º ano: "Fazer curadoria de informação, tendo em vista diferentes propósitos e projetos discursivos" (Brasil, 2018, p. 508). Se a ideia é que o aluno conheça, no ensino fundamental, as diferentes formas de expressão, ele precisa aplicá-las durante o ensino médio.

A BNCC propõe, então, que esse aluno esteja preparado para fazer a curadoria de informações com que ele se depara, sem restringir essas informações ao campo real, uma vez que estão fortemente presentes e desterritorializadas no campo virtual também. O trabalho é focado na análise das informações, diferenciando-se o que é real do que é inventado, os meios de disseminação na realidade e no virtual e a produção de conhecimento a partir do acesso ao conteúdo.

Assim, a curadoria de informações proposta na BNCC depende dos multiletramentos, como comentamos anteriormente. Não se pode interpretar e trabalhar textos em espaços virtuais e coletivos da mesma forma que no mundo real, em espaços individualizados.

Segundo Andrade, Fernandes e Souza (2021, p. 30), "conceitos como letramento digital, hipertextualidade e multimodalidade já se encontram difundidos nos movimentos educacionais e nos documentos oficiais que orientam a educação", de modo que a BNCC apresenta suporte para o desenvolvimento dos mais diversos letramentos (os multiletramentos, como mencionamos no início do capítulo), levando-se em consideração a singularidade da produção nos diversos espaços, bem como a relação das pessoas com os diferentes textos, imagens, áudios e vídeos, por exemplo, divulgados nesses espaços.

Braga, Pinheiro e Rocha (2021, p. 119) destacam que

As tecnologias digitais e novas mídias, típicas da sociedade digital, revelam-se mais potentes que tecnologias anteriores, de natureza mecânica e analógica e afetam profundamente os modos de significação, de disseminação de informação e de construção de conhecimento, porque integram, de modo dinâmico, as linguagens e modalidades, em uma rede complexa, interativa e descentralizada.

Saber fazer novas leituras e compreender que esses espaços virtuais mudaram as práticas pedagógicas são questões diretamente relacionadas ao uso da BNCC como guia para o desenvolvimento do trabalho docente com a língua. Mais do que isso, um trabalho que esteja focado no desenvolvimento das mais diversas práticas linguísticas com vistas ao desenvolvimento dos diferentes letramentos.

Com esses exemplos e com o aporte teórico, podemos verificar que a presença da BNCC propõe desafios e soluções para muitos aspectos da atuação profissional do professor de Língua Portuguesa, com o propósito de promover uma educação de qualidade e condizente com a realidade.

cincopontodois
A gamificação na sala de aula

Quando ouvi sobre a gamificação pela primeira vez, fiquei encantada com a possiblidade de transpor algo de que gosto verdadeiramente para os mais variados espaços educacionais e de formação que conheço. A ideia de criar uma experiência inovadora e criativa, buscando motivar e engajar os participantes, me pareceu realmente atrativa.

No entanto, lembro que as primeiras perguntas que me fiz foram: "Como é que isso funciona, na realidade? A gestão vai colaborar com a minha ideia? As pessoas vão saber que não estou brincando com os alunos, mas desenvolvendo um sistema gamificado para que aprendam de uma forma mais engajadora?". E é muito pertinente fazer todas essas perguntas.

A gamificação na sala de aula se baseia, afinal, em um trabalho que não é necessariamente lúdico, como já vimos, mas em uma experiência ou um sistema que aplica os componentes, as dinâmicas e as mecânicas dos jogos em contextos diversos. Não é para ser algo engraçado, mas, se for, esse é um fator bônus, por exemplo. Portanto, podemos concluir que há alguns fatores que os professores podem considerar antes de criar e aplicar o sistema gamificado em suas aulas.

5.2.1 Objetividade: desafio ou instrução?

Os jogos de entretenimento são aqueles que são comerciais. O principal objetivo é, geralmente, sua conclusão ou o alcance da condição de vitória. São engajadores e divertidos, diferentemente dos jogos de aprendizagem, cujo objetivo é instrucional, ou seja, visa-se àquilo que o jogador deve aprender ao fim da experiência.

Como abordado anteriormente, uma das principais mecânicas de jogos são os desafios, que nada mais são do que os objetivos a serem cumpridos pelo jogador para obter a vitória ou o progresso.

> ## Importante!
>
> Juntamos todos esses fatores e temos a base para começar a experiência gamificada. É definindo o objetivo que se começa a desenvolver os demais passos – e, veja, isso não é distante do que os professores fazem ao planejar uma aula! Sabe quando o professor estabelece o objetivo geral da aula e lista os objetivos específicos que vão ajudar os alunos a alcançar o resultado? A ideia é a mesma.

Em vez de definir o objetivo geral e os específicos, deve-se pensar no objetivo instrucional (objeto de aprendizagem) e nos desafios que os alunos deverão transpor para chegarem à condição de vitória, por exemplo. Mas o princípio é o mesmo: O que os alunos precisam fazer para alcançarem o objeto de aprendizagem?

A partir da definição do objetivo instrucional, é possível traçar outros desafios a serem superados, tendo como base a própria ideia das dinâmicas, dos componentes e das mecânicas dos jogos, que vão ajudar os alunos a se articularem e se motivarem para conseguir.

Então, definir um objetivo é o primeiro passo para elaborar uma experiência gamificada que seja condizente com o que se pretende alcançar. Os demais desafios ou objetivos devem garantir a possiblidade de se atingir o grande objetivo proposto, assegurando que os alunos vão querer participar, estar engajados e motivados, e assim por diante.

Observe o exemplo a seguir.

Exemplo prático

A professora, em seu trabalho com o gênero textual notícia, pede que os alunos leiam uma série de informações, no contexto de produção do gênero textual (resposta para as perguntas "Quem?", "O quê?", "Como?", "Onde?" e "Quando?". As informações estão dispersas, listadas uma seguida das outras.

Como sabe que os alunos devem aprender a estruturar o gênero adequadamente, mas que também é uma habilidade prevista na BNCC a interpretação de informações, bem como

> a análise de sua veracidade, a professora define como objetivo instrucional "reconhecer o gênero textual notícia". Para cumprir com o desenvolvimento das demais habilidades, a professora estabelece que os alunos deverão cumprir alguns desafios: 1) diferenciar notícia séria de sensacionalista; 2) analisar a escolha de palavras para compor títulos e manchetes; 3) construir uma produção do tipo narrativo descritivo, do gênero textual notícia.

Esse exemplo pode parecer básico ou simples, mas a professora não está utilizando apenas sua explicação para descrever exatamente o que é o gênero textual em foco. Ao contrário, ela está permitindo que os alunos tenham uma experiência que proporciona a aprendizagem ativa.

Além disso, essa prática possibilita que os alunos encarem a aprendizagem como pequenas atividades distribuídas em desafios contínuos, de modo que possam atingir o objetivo instrucional proposto pela professora.

5.2.2 Condução da experiência: articulando os desafios por meio de narrativa

Como Alves (2015) destaca, uma vez definido o objetivo e traçados os desafios a serem cumpridos, uma boa ideia é articular as atividades por meio de aspectos narrativos. Não é necessário empregar um *storytelling* por completo, mas é preciso fazer com que os desafios tenham sentido uns em relação aos outros e ao todo.

A articulação é uma forma de mostrar que há um fio condutor e que a experiência gamificada, como você já sabe, supõe um progresso, um desenvolvimento contínuo do participante. Partindo-se desse pressuposto, a narrativa permite que o aluno enxergue a experiência como uma forma de continuidade, e não como uma sequência isolada de atividades, o que é comum acontecer em salas de aula tradicionais.

Uma boa história, seja ficção, seja não ficção, tem o poder de inspirar, engajar e, é claro, motivar. Se a palavra-chave da gamificação é *motivação*, todos os recursos que podem promovê-la devem ser levados em conta para a experiência, embora, como vimos, não seja necessário aplicar todas as mecânicas ou cada uma delas.

De todo modo, é importante considerar a narrativa, pois, fundamentalmente, ela tem o poder de transportar as pessoas para outros mundos, outras percepções, possibilitando que estejam imersas e engajadas. A narrativa de um bom jogo digital de *Role-Playing Game* (RPG), por exemplo, garante que, mesmo diante das falhas, os jogadores ainda sintam vontade de continuar. Não é a falha ou a dificuldade que os impede, mas a necessidade de saber aonde irão chegar os impulsiona.

Pense, novamente, no exemplo anterior, em que a professora trabalha com o gênero notícia. Veja a seguir de que forma ela continua a criação da experiência gamificada.

Exemplo prático

A professora define que são três os principais desafios que vão garantir o cumprimento do objetivo instrucional: 1) diferenciar notícia séria de sensacionalista; 2) analisar a escolha de palavras para compor títulos e manchetes; 3) construir uma produção do tipo narrativo descritivo, do gênero textual notícia.

Partindo do princípio que os alunos já conhecem um pouco sobre notícia, ela decide explorar os diferentes veículos de comunicação. Então, divide os alunos em cinco grupos. Cada grupo deve criar um título com base em um modelo de veiculação de notícia: Grupo 1 – notícias de tabloides; Grupo 2 – notícia de jornais sérios; Grupo 3 – notícias de *sites* de fofoca; Grupo 4 – chamada de notícia para a televisão; e Grupo 5 – notícia veiculada em revista sobre atualidades. Os grupos não sabem quais são os meios de comunicação que couberam aos demais.

Cada grupo tem um determinado tempo para a sua criação e deve fazê-la em conjunto. Após a criação, deve apresentá-la aos colegas, que terão de adivinhar qual é o meio de publicação que está representado na manchete ou no título. A professora informa que dará um ponto para cada grupo que acertar e que esses pontos poderão ser usados na atividade seguinte.

5.2.3 Avaliação: pontos, placares e transações

Uma das melhores formas de assegurar um bom envolvimento de todos os participantes com o sistema gamificado é aplicar um sistema de pontuação ou placar, pois ele garante uma forma de *feedback*. Não é necessário que os pontos sejam um sinônimo da condição de vitória, mas é possível atribuir uma função para eles.

Os pontos podem estar relacionados a outros componentes e outras dinâmicas dos jogos, como placares, transações e o próprio *feedback*. O importante é saber que deve existir um propósito para eles – se não for uma condição de vitória final, que seja parcial ou que demonstre algum outro tipo de aproveitamento.

Uma boa função dos pontos e placares para o professor é a própria ideia de uma avaliação. Não se trata, necessariamente, de uma avaliação formal. Porém, ao mesmo tempo que serve como *feedback* para os participantes perceberem se estão no caminho certo, pode demonstrar para o professor o quanto os alunos estão aproveitando e se desenvolvendo no processo.

Na última parte do exemplo apresentado anteriormente, vimos que a professora indicou que os alunos iriam ganhar pontos a cada vez que acertassem qual era o meio no qual a notícia seria veiculada com base no título ou na manchete. A seguir, observe de que maneira ela articula os pontos.

Exemplo prático

Depois de distribuir os pontos conforme os acertos quanto aos espaços de veiculação das notícias, a professora dá continuidade à proposta. Agora, os alunos devem fazer uma prática de escrita colaborativa, escrevendo a notícia e podendo, caso queiram, fazer as adequações necessárias no título.

No entanto, como os alunos dispõem de poucas informações – apenas as que foram fornecidas pela professora inicialmente –, eles vão usar os pontos que ganharam anteriormente para "comprar" mais informações. A professora tem envelopes com os valores de 1 a 4 pontos, sendo que o envelope que vale 4 pontos contém mais informação em comparação com os demais.

Nos envelopes, os alunos vão encontrar diversas referências, como imagens, entrevistas e citações. Para que não se trate de uma punição para ninguém, os alunos podem tentar trocar ideias e negociar com os colegas para receber informações que não constam em seus envelopes.

5.2.4 Produção final: condição de vitória

Se na produção de uma sequência didática ou de um plano de aula o professor deve pensar na produção final, certamente pode fazer o mesmo na experiência gamificada, pois essa pode ser a garantia de que os alunos entenderam e cumpriram o objetivo instrucional estabelecido pelo professor.

Muitas vezes, os professores querem propor uma avaliação formal do conteúdo ou são obrigados a aplicá-la, mas é necessário pensar que nem sempre isso pode ser garantido pelo sistema gamificado. Essa não é a finalidade da gamificação, então a produção final deve ter algo que seja útil para demonstrar o que o aluno aprendeu – e isso deve ser apresentado por ele e para ele, e não para a garantia de nota.

Muitos sistemas gamificados se baseiam na ideia da condição de vitória, isto é, há times e apenas um deles será o vencedor. Entretanto, essa não é a única condição de vitória possível. Pense que, se a professora do exemplo apresentado organizou grupos, ela pode se valer da entrega da produção final como forma de garantir a vitória, e não necessariamente os erros ou os acertos.

Agora, veja de que forma ela encerrou a experiência com os grupos.

Exemplo prático

Cada grupo teve a possiblidade de escrever um texto colaborativo, que a professora chamou de *versão rascunho*. Os alunos puderam trocar e negociar informações entre si, o que ajudou muitos a interagir com outros colegas e trabalhar suas habilidades comunicativas.

Depois de terminarem o texto, a professora pediu que os alunos trocassem os textos entre si. Os grupos deveriam fazer uma revisão dos pares como se fossem editores ou responsáveis pela distribuição do material criado por eles. Assim, o grupo que escreveu o texto para jornal revisou o texto dos colegas do grupo que escreveu para tabloide, avaliando características do gênero textual e da plataforma de veiculação.

Os alunos poderiam, se quisessem, sugerir mudanças para melhorar o texto dos colegas. Contudo, a professora colocou-se como mediadora da situação, informando-os de que ela iria fazer uma segunda avaliação antes de um último *feedback*.

Como de praxe em qualquer produção textual dos alunos, a professora pediu aos alunos que relessem os textos com os comentários dos colegas e fizessem as alterações necessárias. Ela enfatizou que a reescrita é um passo importante para o desenvolvimento e a melhoria do texto, além de ser componente da sequência didática planejada.

Após uma fase final de correções, a produção dos alunos foi exposta na escola e, também, divulgada nas redes sociais para a apreciação dos pais e dos responsáveis.

cincopontotrês
O papel do professor no processo de gamificação

Como você viu no exemplo apresentado, o planejamento de um sistema gamificado em sala de aula não difere dos passos adotados pela professora para elaborar uma sequência didática ou um plano de aula. Do mesmo modo, as atribuições da professora também não mudaram.

O papel mais importante a ser cumprido pelo professor é o de motivador, como destacamos ao longo dos capítulos. Porém, é importante ressaltar que esse não é um papel novo ou modificado para essa realidade, uma vez que sempre se espera que o professor "cative" e "desperte" o interesse de seus alunos em prol de uma aprendizagem significativa.

5.3.1 O professor como motivador

Ao tratar do papel do professor como motivador da aprendizagem, de forma geral, Prensky (2007) afirma que a ideia é a mesma que se observa no processo de aprendizagem baseada em jogos digitais: fazer com que o aluno se sinta envolvido no processo, e não apenas "inserido" nele por obrigação. Assim, o que faz um professor ser bom é sua afinidade com o processo de aprendizagem, com o seu objetivo de manter o aluno motivado e interessado, em vez de estar sempre distribuindo novas atividades de reforço ou preocupado unicamente com a obtenção de nota.

Nesse sentido, Prensky (2007) argumenta que um dos aspectos que fazem o professor ser excelente no que faz é a questão de **estilo**. Segundo o autor, motivar tem a ver com reconhecer o próprio estilo como pessoa e como profissional, de modo que o professor, ao reconhecer seu estilo e o estilo de seus alunos, pode fazer o que estiver ao seu alcance para motivá-los. O autor ainda destaca que um profissional excelente faz com que os alunos estejam sempre atentos, "esperando pelo próximo acontecimento" inesperado (Prensky, 2007, p. 348, tradução nossa).

Outro fator que tem relação com o papel de motivador é o que Prensky (2007) chama de **paixão**. Esse não é um fator novo, de forma alguma, mas podemos repensar no aspecto passional de ensinar como vimos nos grupos de afinidade passional. A paixão por algo move as pessoas a fazer coisas grandiosas.

Para o autor, um professor apaixonado pelo que faz é capaz de descrever e criar imagens mentais para seus alunos, comunicando aquilo em que ele acredita e permitindo que seus alunos criem afinidade. A origem dessa paixão, de acordo com Prensky (2007), é o próprio conteúdo, muitas vezes porque a visão pelos olhos do professor faz com que os alunos enxerguem a verdadeira possiblidade diante da realidade.

A ideia de se falar de algo com paixão e devoção – mesmo que seja o próprio conteúdo curricular – tem a ver com a **apresentação**, outro fator que colabora significativamente para a motivação. Se ver um professor falando com paixão sobre um tema incentiva os alunos a seguir o mesmo caminho, o que outras formas de apresentação não podem fazer?

Assim, o professor que encontra formas novas de apresentar o conteúdo, como a ideia do sistema gamificado propõe, é capaz de fazer os alunos perceberem que não há um padrão para aprender, mas que é possível aprender qualquer coisa de variadas formas, desde que haja um engajamento, uma motivação para isso.

5.3.2 O professor como estruturador de conteúdo

Na gamificação, além de motivar os participantes para mantê-los engajados e interessados na experiência, é preciso saber como aplicar mecânicas, dinâmicas e componentes dos jogos em contextos diversos. Para isso, é necessário proceder a um processo de reestruturação ou adaptação do conteúdo.

Talvez você já tenha compreendido a importância de romper com a tradição da escola segundo a qual o professor é o único detentor do conhecimento e de permitir que ele seja mediador do processo autônomo de aprendizagem do aluno. De todo modo, vale reforçar essa ideia mais uma vez, visto que ainda se trata de um papel comum aos profissionais da educação nas escolas tradicionais.

Um professor que rompe com esse padrão conteudista em que é o único a "saber tudo" reconhece a necessidade de encontrar novas formas de apresentar o conteúdo. Trata-se de uma abordagem muito diferente das vertentes tradicionalistas, baseadas na ideia do professor como centro do conhecimento, pois supõe o uso de objetos de aprendizagem, contextualização, novas organizações e direcionamentos no processo de ensino e aprendizagem.

Para Prensky (2007), este não é, ou não deveria ser, um papel muito distante daquele que o professor já cumpre diariamente em sala de aula. No entanto, sabemos bem que há muitos docentes que se mostram rigorosos em relação a novas práticas, assim como escolas conduzidas por uma gestão que opta pelo tradicionalismo em detrimento da abertura para novas possibilidades.

5.3.3 O professor como questionador

Se a escola não rompe com velhos paradigmas e com padrões que já não se adéquam a novas práticas, um dos papéis mais importantes do professor é o de questionador.

Para Prensky (2007, p. 351, tradução nossa), isso não significa questionar a escola em si, mas ser aquele que ajuda os alunos a "refletir sobre o que estão aprendendo". Muitas vezes, os alunos aprendem apenas com a finalidade de obter nota, algo que discutimos anteriormente. Contudo, a ideia de aprender implica o processo de questionar e refletir criticamente sobre cada passo desse processo.

O autor chama a atenção também para o fato de que é recorrente o fato de os alunos não terem muita clareza sobre o que estão aprendendo ou estudando. Então, o professor que se mostra como questionador, dotado daquela mesma paixão que já mencionamos, é capaz de provocar os alunos para formular conclusões, modelos mentais e ideias que lhes permitam aplicar o que sabem em situações futuras.

Além disso, esse papel no contexto da gamificação ou da aprendizagem baseada em jogos digitais incentiva os alunos a fazer em vez de aguardar instruções. Eles farão porque querem saber, querem entender, e não porque o professor disse que deveriam fazer.

5.3.4 O professor como tutor

Apesar de os papéis aqui descritos serem adaptações dos papéis que o professor já cumpre ou deveria cumprir em sala, precisamos enfatizar o quanto mudanças significativas nos modelos educacionais atuais são necessárias para que seja possível colocar tudo isso em prática. Essas mudanças abrangem desde a formação inicial do professor, ainda na licenciatura, até seu trabalho em sala e a posição da gestão escolar em relação aos meios tradicionais de ensino.

Para Prensky (2007), uma das formas de garantir uma boa aprendizagem por parte dos alunos é a personalização do ensino, que leve em conta as particularidades de cada aluno, como seu estilo de aprendizagem, sua forma de expressão favorita e sua relação com o mundo, com a realidade.

Sabemos que é impossível colocar a personalização em prática em um ambiente com 40 alunos, como ocorre ainda em muitas escolas brasileiras, mas é importante pensar que a aprendizagem por meio de jogos digitais e a gamificação permitem a exploração de novos modelos de aprendizagem e favorecem a possibilidade de os alunos realizarem as atividades da forma que mais lhes parecer certa ou conveniente, ao mesmo tempo que desenvolvem novas habilidades.

Prensky (2007) compara o professor a um tutor da aprendizagem do aluno com os jogos digitais: quando joga, o jogador pode fazer modificações para deixar que o jogo fique mais adequado ao seu estilo, como a língua e o nível de dificuldade; entretanto, ele não faz alterações no conteúdo, assim como poderia acontecer na escola.

> ## Preste atenção!
>
> Além disso, podemos pensar no papel do professor tutor como aquele que, de fato, é um mediador. Não entendemos, com base nas proposições de Prensky (2007), que o tutor a que ele se refere seja aquele que exerce sua função em regime tutorial, dando aulas de reforço para que o aluno aprenda, e sim aquela figura que ajuda o aluno a encontrar a melhor forma de aprender e colocar em prática o que aprendeu.

O professor como tutor guia e facilita a aprendizagem, possibilitando que o aluno assuma a responsabilidade por sua aprendizagem enquanto o docente exerce sua função de dar apoio. Há uma perspectiva de se compreender o senso humano que existe na individualidade de cada pessoa.

5.3.5 O professor como produtor

Depois dos quatro papéis do professor descritos até aqui – motivador, estruturador de conteúdo, questionador e tutor –, cabe analisar o último papel estabelecido por Prensky (2007), que é, na verdade, uma forma de reunir todos os aspectos em um só.

Para o autor, o último papel desempenhado pelo professor é o de produtor. Seja na sala de aula tradicional, seja na experiência gamificada, seja na aprendizagem mediada por jogos digitais, o professor deve não só organizar e estruturar o que o aluno aprende, como também produzir ou criar conteúdo que seja adequado ao currículo ou aos objetivos de aprendizagem.

Para Prensky (2007, p. 353, tradução nossa), "Quase todos os instrutores e professores, eu acho, têm um forte senso do que seus alunos gostam e do que eles gostariam de ter, se pudessem, embora seus ideais raramente se tornem reais".

Assim, o professor na condição de produtor é aquele que reconhece seus alunos como parte importante do processo de aprendizagem, e não meramente como "receptores" do conhecimento. É por e para eles que o professor prepara sua aula, então nada mais adequado que os próprios alunos sejam parte do conteúdo.

A produção nada mais é do que o processo de planejar atividades e exercícios condizentes com aquilo que o aluno precisa, gosta e deve aprender. Não se trata apenas de ensinar a ele o que precisa para constar na prova, mas fazê-lo perceber que o processo de aprendizagem pode ser muito mais significativo se ele se interessar por aquilo que aprende.

cincopontoquatro
A gamificação no ensino da Língua Portuguesa

Ao longo dos capítulos, vimos algumas possibilidades de trabalho com a gamificação em sala de aula, entre elas exemplos de experiências gamificadas com conteúdos relacionados a gêneros textuais e, também, aspectos gramaticais.

Com esses exemplos, o importante é perceber o quanto esses professores se organizaram para transformar os componentes curriculares em algo em que os alunos pudessem estar imersos, engajados e, por meio da motivação, permitir a eles aprender de maneira significativa.

Mas, é claro, quando falamos de aprendizagem na disciplina de Língua Portuguesa, é preciso analisar alguns pontos antes de considerar a preparação de uma experiência gamificada, que, como vimos, implica uma adequação ao perfil do aluno e aos objetivos de aprendizagem.

Imagine que um professor ou professora de Língua Portuguesa recebe um convite para trabalhar com alunos do ensino fundamental, anos finais. Mais especificamente, vai atuar com turmas do 5º ano, em que as crianças têm em torno de 10 anos. O que esse profissional precisa considerar antes de planejar a atividade?

- Quais são os conhecimentos que meus alunos têm?
- Quais são os conteúdos que eu devo cobrir no meu trabalho?
- A escola dispõe de recursos para que eu implemente alguma atividade diferenciada?
- Como eu explico a experiência ou o sistema gamificado para a coordenação de modo que ele não seja vetado por falta de conhecimento ou entendimento?

Pode parecer óbvio que o professor tenha de considerar esses pontos, mas eles são muito pertinentes, em especial quando se trata de crianças mais novas. Os professores devem ter em mente que, antes de tudo, a gamificação não deve ser entendida como equivalente a algo divertido no sentido de "cômico", mas como uma experiência engajadora. É com essa perspectiva, então, que o docente deve planejar a atividade.

Além disso, uma avaliação diagnóstica do conteúdo pode ajudar a identificar o que os alunos já sabem. Trabalhar análise sintática com os alunos supõe o domínio de conhecimento prévio, como classes de palavras e estrutura da oração (sujeito, verbo, objeto). Se os alunos entendem ou têm esse conhecimento, é mais fácil iniciar o processo de explicar como a análise sintática funciona. É preciso dominar o que é sujeito antes de partir para suas classificações (oculto, inexistente etc.).

Com relação aos conteúdos, o próprio currículo da escola deve estar organizado com fundamentação na BNCC. Certamente que é importante averiguar quais habilidades a serem desenvolvidas estão previstas na BNCC, pois mesmo o conteúdo de gramática mais puro que consta no currículo deve cumprir um propósito estabelecido no documento que rege a educação brasileira.

Muitas vezes, o próprio currículo dá indícios sobre as questões relativas aos recursos. Se o currículo determina que sejam trabalhadas as competências digitais, por exemplo, é mais provável que a escola disponha que recursos para tal. No entanto, podemos lembrar que a gamificação, apesar de poder se beneficiar com o uso de recursos digitais, não requer nenhum material específico.

Na realidade, os maiores recursos com que o professor precisa se preocupar no planejamento da experiência gamificada são relativos ao tempo – o tempo do professor para preparar e aplicar a atividade e o tempo dos alunos para cumprir tudo o que foi planejado. Papel, caneta e imaginação podem dar conta da experiência, mas o tempo tem de ser adequado.

Avançando um pouco, pense agora em um professor que vai trabalhar com turmas do ensino médio. No caso desses alunos, o conteúdo não será textual ou gramatical, mas literário. O que ele precisa pensar antes de planejar?

- Quais são as obras literárias com as quais devo trabalhar?
- Como posso abordar o conteúdo dos textos de uma forma diferente?
- Como aproximo esses textos da realidade dos alunos?
- Como o conhecimento de mundo dos meus alunos pode afetar a experiência gamificada?

Aqui, o foco é o ensino médio, mas isso não significa que esses fatores não devam ser considerados com crianças mais novas; é necessário pensar que o conhecimento de mundo dos alunos tem efeito direto em sua aprendizagem. Lembre-se das motivações intrínsecas e extrínsecas e da relação destas com o processo de aprendizagem dos alunos.

> ## Preste atenção!
>
> No ensino médio, muito do que é feito ainda tem como base o vestibular ou o Exame Nacional do Ensino Médio (Enem). Assim, as obras literárias sugeridas estão sempre articuladas com as provas e não necessariamente com a formação do aluno. Observe, porém, que, embora elas sejam importantes para as avaliações padronizadas, podem ter muito a contribuir na formação dos alunos como sujeitos sociais.

Assim, abordar os textos que são constantemente taxados de "chatos" ou "velhos" implica articulá-los com a realidade, fazer uma conexão com contextos atuais e, até mesmo, com outras mídias. A gamificação de obras literárias deve estar bem apoiada na realidade, para que não seja "só outro livro".

Um terceiro e último exemplo em que podemos pensar agora é um contexto informal. O ensino de língua portuguesa para estrangeiros (que pode receber diferentes nomes, como *português como língua adicional*, *português como língua de acolhimento* e *português como língua de herança*) também merece nossa atenção.

Se pensarmos em uma aula de Língua Portuguesa voltada para um estrangeiro ou um imigrante, a ideia do ensino por meio da gamificação deve, mais do que nunca, dar conta de contextos reais de uso. O professor precisa encontrar formas de possibilitar que o aluno tenha domínio do conteúdo e, ao mesmo tempo, saiba empregá-lo de maneira eficiente e compreensível.

Síntese

Neste capítulo, vimos que...

Há muitos desafios no ensino de Língua Portuguesa, como a falta de espaço para variantes e variedades linguísticas. Vimos que a BNCC, documento que rege a educação brasileira, propõe a integralização da cultura e de variantes linguísticas, bem como o desenvolvimento das mais diferentes formas de expressão.

A aplicação da gamificação em sala de aula não é tão diferente do planejamento de uma aula. A experiência gamificada requer a definição de objetivos, estrutura e avaliação, muitas vezes pautados nas dinâmicas e mecânicas dos jogos. Assim como o professor lista esses componentes em seu plano de aula ou em sua sequência didática, deve delimitá-los no planejamento de uma experiência gamificada.

De acordo com Prensky (2007), o professor desempenha cinco papéis, seja na aprendizagem mediada por jogos digitais, seja na gamificação. Não se trata de papéis diferentes daqueles que o professor já desempenha, e sim de novas formas de agir e pensar em relação ao tradicionalismo. O professor deve ser motivador, estruturador de conteúdo, questionador, tutor e produtor, garantindo que seus alunos tenham uma aprendizagem crítica e significativa.

A aplicação da gamificação na aula de Língua Portuguesa depende do contexto. Para planejar a experiência gamificada em sua aula, o professor precisa saber exatamente qual é o contexto, se está no âmbito da educação formal ou informal, com alunos da educação básica, imigrantes ou estrangeiros. Além disso, deve haver uma preocupação com o conteúdo, pois diferentes estratégias devem ser usadas para o ensino de gêneros textuais, gramática e literatura.

Atividades de autoavaliação

1. Avalie as assertivas a seguir sobre a produção final:

I. A produção final é obrigatoriamente avaliativa, com nota.

II. Na gamificação, a produção final corresponde à condição de vitória.

III. A produção final deve ser realizada por times.

IV. Só pode haver um único ganhador ou vencedor.

Agora, assinale a alternativa que apresenta apenas a(s) assertiva(s) correta(s):

a. I e II.

b. II e III.

c. II.

d. II e IV.

e. III e IV.

2. Por que é importante conhecer a Base Nacional Comum Curricular (BNCC)?

a. Porque ela norteia a aprendizagem em caráter progressivo.

b. Porque ela justifica a educação tradicional.

c. Porque ela guia a educação básica e o ensino superior.

d. Porque ela lista o que o professor não deve fazer.

e. Porque ela trata apenas do trabalho da gestão escolar.

3. De acordo com Prensky (2007), romper com o padrão conteudista de sala de aula é um papel do professor na condição de:

a. motivador.

b. estruturador.

c. questionador.

d. tutor.

e. produtor.

4. Sobre gamificação e o ensino de Língua Portuguesa, assinale (V) para verdadeiro e (F) para falso:

( ) O professor deve identificar o que os alunos já conhecem.

( ) É possível gamificar gramática, gêneros textuais, literatura e qualquer outro conteúdo.

( ) Ela pode ser aplicada em contextos formais e informais de aprendizagem.

( ) Deve ter relação com a realidade dos alunos.

( ) A gamificação da literatura muda a percepção dos alunos.

Agora, assinale a alternativa que apresenta a sequência correta:

a. V – V – V – V – V.

b. F – V – V – V – V.

c. F – F – F – F – V.

d. V – V – F – F – F.

e. F – V – F – V – F.

5. A experiência gamificada na disciplina de Língua Portuguesa usa a narrativa para:

a. trabalhar com literatura portuguesa e brasileira.

b. articular os desafios e as atividades.

c. contar uma história para motivar o aluno.

d. divertir por meio de aspectos cômicos.

e. engajar o aluno com uma história curiosa.

Atividades de aprendizagem

Questões para reflexão

1. Pesquise planos de aula ou sequências didáticas na internet ou em livros de conteúdos relativos ao ensino de Língua Portuguesa. Analise atentamente os objetivos de aprendizagem. Como eles poderiam tornar-se objetivos instrucionais?

2. Com base nos exemplos do capítulo, reflita: por que a narrativa é importante para a aula de Língua Portuguesa?

Atividades aplicadas: prática

1. Acesse a Base Nacional Comum Curricular (BNCC) no *site* do Ministério da Educação (Brasil, 2018). Leia atentamente algumas das habilidades e competências a serem desenvolvidas em Língua Portuguesa no ensino fundamental, anos finais. Em seguida, com base neste capítulo, reflita: de que forma a gamificação pode ajudar o professor a fazer um trabalho efetivo?

2. Escolha uma habilidade da BNCC para o ensino médio no componente de Língua Portuguesa a ser desenvolvido. Rascunhe uma experiência gamificada com base nos exemplos apresentados neste capítulo.

um	Concepções sócio-históricas dos jogos e *games*
dois	Gamificação e a lógica dos *games*
três	Gamificação na geração e na mediação do conhecimento
quatro	Gamificação na educação
cinco	Gamificação e o ensino de Língua Portuguesa

seis Experienciando a gamificação

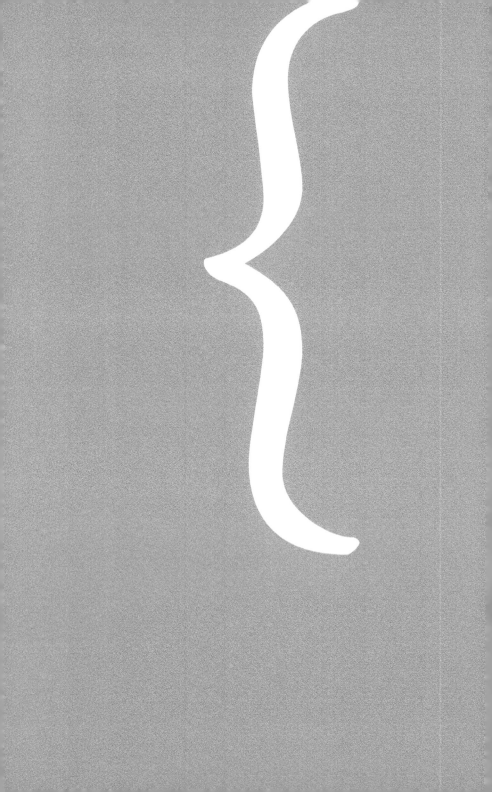

"As palavras não são a única coisa que diz às pessoas o que você está pensando."
(Tifa Lockhart, Final Fantasy VII, Square Enix, 1997)

A GAMIFICAÇÃO É uma experiência única, que pode ser usada nos mais diferentes contextos, como você já viu. Para a disciplina de Língua Portuguesa, ela pode ser uma grande aliada para o desenvolvimento de habilidades e, até mesmo, do gosto pela leitura.

Vamos analisar, então, como a gamificação pode se tornar uma ferramenta de grande valia, bem como de que forma ela se articula com outros componentes curriculares e aspectos da língua.

seispontoum
Gamificação e interdisciplinaridade

Agora que você já conheceu as ideias por trás da gamificação, assim como as mecânicas e dinâmicas que, juntamente com os componentes dos *games*, fazem com que seja possível criar uma experiência única e engajadora, podemos explorar outros contextos em que o sistema gamificado seria bem aplicado.

Inicialmente, precisamos rever o que a Base Nacional Comum Curricular (BNCC) propõe acerca da aprendizagem do aluno. O documento dispõe que

> *a Educação Básica deve visar à formação e ao desenvolvimento humano global, o que implica compreender a complexidade e a não linearidade desse desenvolvimento, rompendo com visões reducionistas que privilegiam ou a dimensão intelectual (cognitiva) ou a dimensão afetiva. Significa, ainda, assumir uma visão plural, singular e integral da criança, do adolescente, do jovem e do adulto – considerando-os como sujeitos de aprendizagem – e promover uma educação voltada ao seu acolhimento, reconhecimento e desenvolvimento pleno, nas suas singularidades e diversidades.* (Brasil, 2018, p. 14)

Esse trecho da BNCC evidencia um ponto fundamental previsto no documento: a educação do aluno deve ser plena e integrada, ou seja, as disciplinas não podem simplesmente ser lecionadas em prol apenas dos objetivos de ensinar e aprender. Elas devem estar articuladas, de modo que o aluno perceba que o todo é fundamental para seu desenvolvimento como pessoa, como sujeito atuante na sociedade.

Quando se fala no texto em "não linearidade", também devemos retomar o fato de que os modelos educacionais tradicionalistas consideram que o desenvolvimento do aluno é sempre unidirecional, esquecendo-se de que ele é um ser humano que se desenvolve em seu próprio tempo, de forma única, o que é característico de sua individualidade.

O desenvolvimento de uma habilidade nunca é linear, e não é à toa que os professores precisam estar em constante estudo, por meio de formações, cursos e pesquisa, para se manterem atualizados. O mesmo acontece com os alunos: é necessário voltar ao básico, ao princípio, antes de esperar que eles possam ir além.

Assim, a BNCC prevê que o aluno deva ter uma formação integral, identificando todos os componentes curriculares e socioemocionais que fazem parte de seu perfil como ser humano para articulá-los. Essa articulação de conteúdos e componentes é comumente chamada de *interdisciplinaridade*.

A interdisciplinaridade implica que duas ou mais disciplinas curriculares estão sendo desenvolvidas ao mesmo tempo, no mesmo espaço ou atividade. Isso é fundamental para que o aluno perceba que, quando o professor trata de um tema, também está contemplando conhecimentos relacionados a muitos outros temas.

Um exemplo simples que podemos analisar são os problemas matemáticos, aqueles que, com frequência, mencionam uma pessoa que tem x maçãs e come algumas e questionam com quantas ela ficou. Pode parecer um exemplo simples, mas sem habilidades de leitura e interpretação de texto, além do próprio letramento matemático, uma criança não seria capaz de resolver essa questão.

Se o professor for além e pensar em algumas coisas mais sérias, como o desmatamento na Amazônia, acionará conhecimentos de diversas áreas. É preciso saber um pouco de ciências biológicas para compreender o problema ambiental, bem como dispor de conhecimentos de geografia e história para entender como e por que a Amazônia é um espaço visado por mineradores e criadores de gado. É necessário saber matemática para interpretar dados e informações críticas e química para entender o problema que acontece em relação à poluição. Para fechar, é possível usar a língua de muitas maneiras, seja para interpretar o que diferentes grupos falam sobre a floresta, seja para acompanhar distintas perspectivas sobre o assunto, seja para emitir uma opinião crítica, com base em argumentos críveis.

Um único assunto pode ser abordado de diversas formas, e cada um desses vieses se articula para completar o todo. Por isso, a interdisciplinaridade é uma garantia do trabalho de desenvolvimento pleno e integral do ser humano, seja na educação básica, seja no ensino superior.

Partindo desse princípio, podemos pensar, então, que a interdisciplinaridade na gamificação é fundamental e muito mais possível do que se imagina. Como a gamificação permite a articulação de diversos desafios e atividades, contemplar aspectos de diferentes áreas do conhecimento é mais fácil e mais engajador do que se espera. Confira o exemplo a seguir.

Exemplo prático

Um professor vai trabalhar com o livro *Assassinato no Expresso Oriente*, famosa obra da escritora Agatha Christie (1980). Em conversa com os demais colegas, o professor descobre que a professora de Língua Inglesa está trabalhando com gênero biografia.

Para criar uma articulação sobre o tema, o professor combina com a professora de Língua Inglesa que ela vai abordar a biografia da escritora britânica, afinal, o texto original é em inglês. Quando os alunos aprendem sobre a autora na aula de inglês, a professora pede que os alunos pesquisem um pouco mais sobre os clássicos publicados.

A pesquisa que foi feita pelos alunos é usada pelo professor de Língua Portuguesa, que cria uma trívia sobre as obras, entre as quais consta o livro a ser lido. A trívia, que ocorre em Língua Portuguesa com base na pesquisa feita em Língua Inglesa, prepara os alunos para sua leitura e permite a ativação de conhecimentos prévios.

No entanto, antes de efetivamente iniciar a leitura, o professor de Língua Portuguesa conversa com os demais professores e pede que os docentes de Geografia e História abordem questões sobre ferrovias e, também, sobre a antiga rota do Expresso Oriente.

A professora de História explora um pouco o tema das ferrovias com os alunos e o professor de Geografia trabalha com a rota mencionada. Em conjunto, os dois professores decidem propor uma atividade em que os alunos devem associar produções mundiais com o transporte adequado, já aproveitando para tratarem de um futuro assunto de geopolítica.

Tendo isso em vista, os alunos recebem os nomes dos passageiros do trem e devem relacioná-los, com base em sua descrição física e psicológica, com os locais citados no livro. Depois de toda essa contextualização, o professor considera que os alunos estão efetivamente preparados e engajados para ler o livro.

Nesse exemplo, são aplicadas algumas mecânicas dos jogos, mas é criado um momento de gamificação apropriado para a leitura do livro. O mais importante aqui é perceber como a própria história do livro foi utilizada como narrativa, o fio condutor da atividade toda. Foram envolvidas quatro disciplinas (Língua Portuguesa, Língua Inglesa, Geografia e História) e poderiam ter sido aproveitadas outras se o trabalho fosse expandido.

Se a Geografia e a História tiveram papéis menores nesse primeiro momento, nada impede que, futuramente, os professores possam expandir a abordagem dessas áreas. O mesmo pode ocorrer com a Língua Inglesa e com quaisquer outras disciplinas envolvidas, pois a proposta foi um sucesso ao articular as quatro disciplinas com base no tema central: o livro.

Perceba, também, que o envolvimento de todas as disciplinas faz com que o aluno crie uma ponte entre a ficção e a realidade, possibilitando que ele tenha uma leitura diferente do texto ao saber que alguns aspectos que motivaram a escritora são reais. Por isso, a gamificação pode ter, também, um papel fundamental na aprendizagem da leitura.

seispontodois
Gamificação e aprendizagem de leitura

Como já discutimos ao tratar da gamificação no ensino de Língua Portuguesa, qualquer conteúdo é válido e pode ser explorado por meio de uma experiência gamificada, e isso serve para a leitura.

> Quando eu era criança e estava na escola, havia as chatíssimas fichas de leitura. A única finalidade, muitas vezes, era ler para escrever uma daquelas fichas e comprovar para a professora que eu havia lido, qualquer que fosse o livro. A verdade é que eu adoro ler desde muito criança, mas as fichas de leitura como comprovação da atividade eram um desprazer para mim.
>
> Depois, nos últimos anos do ensino fundamental, lembro-me de ter que apresentar minha leitura em seminários e rodas de leitura. O livro escolhido era explicado para os colegas, enquanto relatávamos o que ele tinha de bom e de ruim. Na minha visão, a ficha de leitura só mudou de meio – passou da escrita para a oralidade, só isso.

> A atividade de ler sempre foi além da simples leitura. Então, escrever ou falar sobre a moral do livro, ganhar nota por saber o começo e o final de uma história ou mostrar o que ela tem de bom ou ruim nunca foram atividades que me agradaram. Eu sempre vi a leitura para além disso.

Ao enfocarmos as teorias que embasaram este livro, fizemos referência aos multiletramentos, bem como ao letramento digital e ao letramento crítico. Agora, para tratar da leitura, vamos abordar o letramento literário. Não estamos falando de ler apenas pelo ato de ler, mas de ir além.

Souza e Cosson (2011, p. 101) comentam que, de todas as competências que desenvolvemos ao longo da vida, a leitura é uma das mais valorizadas, pois "a presença da leitura é sempre vista de maneira positiva e sua ausência de maneira negativa". Não poderíamos desconsiderá-la, então, ao falar sobre o ensino de Língua Portuguesa, uma vez que a leitura é intrínseca à aprendizagem da língua e de todas as outras habilidades.

Para Souza e Cosson (2011, p. 102),

> O letramento literário faz parte dessa expansão do uso do termo letramento, isto é, integra o plural dos letramentos, sendo um dos usos sociais da escrita. Todavia, ao contrário dos outros letramentos e do emprego mais largo da palavra para designar a construção de sentido em uma determinada área de atividade ou conhecimento, o letramento literário tem uma relação diferenciada com a escrita e, por consequência, é um tipo de letramento singular.

Essas considerações dos autores nos fazem pensar que a leitura, a formação do leitor e o letramento literário dependem, mais do que de outros ambientes, do espaço escolar. Demandam um processo específico e uma mediação que não são possíveis de serem alcançados de modo independente. O desenvolvimento da criticidade e da capacidade de interpretação de um texto literário depende da escola, do professor e do aluno, trabalhando em conjunto.

Em paralelo, Soares e Ferreira (2019, p. 4) conceituam o letramento literário como "alfabetizar literariamente, para que [a criança] possa utilizar a literatura de forma crítica e torná-la parte do cotidiano de leitura e vivência". Assim, correspondente ao que discutem Souza e Cosson (2011), a leitura é parte imprescindível à formação e ao desenvolvimento do aluno.

> Por isso, pensar em novas formas de abordar a leitura, de textos de ficção ou de não ficção, contos, notícias e derivados, tornou-se algo que me deixava intrigada. Nunca me esqueço de quando li *Guerra dos mundos*, de H. G. Wells (2016) com meus alunos.
>
> Para começar, contei para eles como Orson Welles, um popular ator e radialista americano, fez uma transmissão narrando a história e muitas pessoas, sem saberem que aquilo era uma dramatização do livro, entraram verdadeiramente em pânico. Welles, pouco depois, fez um pedido público de desculpas pelo incidente, apesar de a transmissão de rádio ter sido interrompida duas vezes para anunciar que se tratava de uma interpretação do texto (Schwartz, 2015).

Logo em seguida, começamos a ler o trecho no livro didático com as luzes da sala apagadas. Na parte crucial do enredo, quando os alienígenas invadem a Terra, as cápsulas e naves se abrem e o pânico se instaura, eu pedi que eles fechassem os livros e ouvissem aquela narração. Antes que ouvissem, lembrei-os das pessoas que tinham ouvido essa transmissão no rádio em outubro de 1938, em um período em que as sociedades eram assombradas pelo pós-guerra e pela desinformação (e pela demora das notícias em chegar a algum lugar).

Para amarrar tudo, depois de os alunos ouvirem toda a cena da invasão, acendi as luzes, parei a gravação e pedi que abrissem o livro. Solicitei, então, que lessem novamente o que tinham ouvido, imaginando-se em 1938 mais uma vez.

Apesar de o livro didático dos meus alunos apresentar apenas um excerto da narrativa, relativa ao momento em que o repórter fala com os pesquisadores da Universidade de Princeton até um pouco depois do início das primeiras instabilidades decorrentes da presença dos alienígenas, a conversa não foi sobre o que eles leram ou entenderam, mas sobre como as pessoas se deixam ser manipuladas por aquilo que elas leram.

Meu trabalho como professora foi o de mediar o processo de leitura por meio de recursos que estavam ao alcance da minha mão – as luzes da sala, a dramatização de Welles em 1938 e o livro didático. Porém, isso foi o suficiente para fazer com que meus alunos se interessassem por ler o restante do livro.

> Neste momento, ao analisarmos no que eu fiz com meus alunos, percebemos que não temos a transposição de muitas mecânicas dos jogos digitais para o ambiente de sala de aula, como ocorreria na gamificação. Contudo, essas estratégias funcionaram para mim, talvez por se tratar de um texto de ficção com consequências reais.

Para criar experiências gamificadas para a leitura, uma das formas mais simples é integrar trechos de textos ao que se procura fazer. O professor pode, certamente, criar uma roda de discussões sobre leitura, mas de preferência que favoreça todos os tipos de leituras, e não apenas a dos livros paradidáticos.

Veja um exemplo a seguir.

Exemplo prático

Uma professora do 9º ano quer incentivar a leitura de seus alunos. Para isso, ela funda um clube de leitura mensal, em que cada vez um gênero textual é trabalho – esse gênero não necessariamente tem relação com o conteúdo de sala de aula.

Cada mês, os alunos devem fazer a leitura do que foi proposto e, se possível, expandir o conhecimento: procurar outros textos relacionados, saber mais sobre o meio de veiculação (se for uma revista, um jornal ou um blogue, por exemplo), conhecer o autor, e assim por diante.

Na reunião do clube de leitura, os alunos começam falando sobre suas descobertas e as razões pelas quais acham interessante ter conhecimento de determinada informação e fazer uma nova leitura, como no caso de descobrirem informações sobre a infância do autor que justificam ou inspiram certas cenas ou descrições.

Como a professora está trabalhando com diferentes gêneros textuais e não apenas com textos de ficção, ela cria um passaporte de leitura, situação em que os alunos juntam selos ou carimbos cada vez que participam do clube da leitura. Ela, como mediadora, apenas cuida para que todos os alunos tenham a mesma oportunidade de participar e promove uma interação ao final, quando vai dar os selos ou carimbos do passaporte, para que os alunos indiquem leituras afins e outras mídias, como seriados e filmes.

Os alunos que participam do clube da leitura ganham pontos referentes ao número de selos e carimbos, que podem ser trocados por um livro, um quadrinho ou um conto ao final do ano.

Apesar de esse exemplo envolver o recurso financeiro por conta dos livros e quadrinhos que a professora oferece em troca dos pontos, é possível diminuir e até zerar gastos com doações e trocas de livros. A ideia é motivar e incentivar os alunos a cultivar o hábito de leitura.

O passaporte de leitura é uma ideia muito mais adequada do que uma ficha de leitura. Além disso, os alunos são desafiados a expandir seu conhecimento ao trazer sugestões que se articulem com o tema, mesmo que sejam filmes, seriados ou músicas. A afinidade do aluno com a leitura cresce quando ele percebe a intensidade que algumas páginas podem ter, então imagine quando se trata de um livro inteiro!

seispontotrês
A gamificação como aliada na aulas de literatura

Como mencionei anteriormente, uma das melhores experiências que tive em sala de aula foi com a obra *Guerra dos mundos* (Wells, 2016). Foi o mais próximo que cheguei, quando trabalhava na educação básica, de criar uma experiência completa gamificada, apesar de já tê-la aplicado antes, em outros momentos fora do âmbito do trabalho com obras literárias.

No entanto, como bem destaquei na seção anterior, a leitura sempre fez parte da minha vida e estou constantemente com um livro. Gosto de ficção, de autores brasileiros e mesmo dos clássicos que muitos alunos desdenham apenas por terem sido obrigados, em algum momento de sua vida escolar, a ler sem terem ideia de tudo o que há por trás de uma obra literária.

Se retomarmos os estudos de Soares e Ferreira (2019), bem como de Souza e Cosson (2011), vamos lembrar que o letramento literário e a formação do sujeito leitor devem acontecer na escola. Muitas vezes, essa leitura envolve, como destacam Soares e

Ferreira (2019, p. 1), "obras literárias", por meio das quais "as crianças experimentam muitas emoções e acabam se identificando com algumas histórias, as quais dão sentido à vida delas".

Nessa perspectiva, cabe observar que, ainda que o profissional formado em licenciatura em Letras – Português não atue diretamente com o público da educação infantil ou do ensino fundamental, anos iniciais, o que os autores mencionam é algo que faz sentido no contexto da gamificação, pois ela também provoca emoções e as utiliza como forma de motivar, de engajar.

Temos, então, o papel da leitura e do trabalho da literatura nas mãos do professor, o qual, de acordo com Souza e Cosson (2011), tem a responsabilidade de guiar e mediar, possibilitando que os alunos ativem conhecimentos prévios e empreguem diversas estratégias de leitura nas diferentes etapas dessa atividade – pré-leitura, leitura e pós-leitura.

Um livro que possibilita um trabalho diferente é *1984*, obra distópica escrita por George Orwell (2003). Apesar de ter sido publicada originalmente em 1949, sua história é atemporal e é uma leitura que ainda faz sentido no mundo contemporâneo.

Para quem não conhece a obra de Orwell, ela apresenta um protagonista que trabalha para o Ministério da Verdade. Seu trabalho é reescrever eventos históricos conforme o desejo do Estado, mas ele começa a duvidar do Big Brother, o Grande Irmão que está sempre vigiando as pessoas, depois de conhecer Júlia. No olhar de Winston, o protagonista, Júlia é uma espiã que almeja a queda do Grande Irmão e dos ministérios, trabalhando em segredo contra o governo.

O aspecto mais interessante desse livro é que a narrativa nos faz ficar presos e esperando o que vai acontecer com Winston e Júlia, observando as ações do Estado e torcendo para que nada aconteça.

Em 2016, foi lançado o jogo Orwell: Keeping an Eye on You (em tradução literal, algo como "De olho em você"). O jogo segue exatamente o que seu subtítulo sugere: estar constantemente de olho em alguém. A premissa é nada mais do que aquilo que acontece no livro, acompanhando-se eventos de protestos e revoltas na Nação, o país fictício do jogo. O jogador, no papel do Grande Irmão, deve analisar e identificar as pessoas que podem ou não estar envolvidas nesses protestos, podendo decidir o destino delas para o bem ou para o mal, arcando com as consequências de suas decisões.

Esse exemplo nos ajuda não porque estamos falando de jogos digitais, uma vez que nosso foco nesse momento é a gamificação, mas para que seja possível entender que foi necessária uma boa ideia – transformar o cenário do livro em algo interativo – para popularizar uma das obras mais importantes da literatura mundial.

Assim como no caso do Sítio do Pica-Pau Amarelo, comentado anteriormente, a ideia está evidente: a literatura é usada como narrativa, como fio condutor da experiência do jogo, e isso é facilmente transposto para a experiência gamificada, oportunizando-se um trabalho com a literatura de uma forma muito diferente.

Pense, por exemplo, que, em vez de jogar o jogo, o professor poderia aproveitar algumas partes do livro antes da leitura e questionar os alunos o que eles pensam sobre isso. Seria possível, ainda, pedir que os alunos julguem o que sabem sobre os acontecimentos e os personagens, com base em conhecimentos anteriores, como fatos e eventos históricos – e, assim, seria estruturado um trabalho interdisciplinar.

Importante!

Para Souza e Cosson (2011, p. 104), são sete as habilidades acionadas durante o processo de leitura: "conhecimento prévio, conexão, inferência, visualização, perguntas ao texto, sumarização e síntese". Por que não gamificar a aula ou a atividade literária tendo em vista uma dessas habilidades? Poderia ser desenvolvida, quem sabe, uma atividade em que os alunos precisam fazer uma investigação e inferências sobre temas centrais ou tópicos explorados no livro, por exemplo.

O que muitos professores pensam quando se fala em gamificação do trabalho com a literatura é que é necessário gamificar toda a obra, o que é uma grande ilusão. A gamificação pode servir para trabalhar com trechos e excertos do livro que os professores julgam importantes ou fundamentais, é claro, mas também pode ser usada como estratégia de preparação para a leitura ou após a ação, para verificar o que os alunos compreenderam.

Normalmente, em uma atividade de leitura, consideram-se três etapas, como vimos: a pré-leitura, a leitura e a pós-leitura. É possível gamificar apenas uma etapa ou as três, mas isso depende daqueles recursos que mencionamos anteriormente, sobretudo a questão de tempo.

Os professores de Língua Portuguesa e de Literatura precisam lembrar que a leitura literária é diferente da leitura que se faz no dia a dia. É necessário ativar conhecimentos prévios e interpretar o que se lê, obviamente, mas também construir novos sentidos e entender, com base no que se sabe sobre o contexto e o autor, as muitas razões para a composição daquela narrativa.

Preste atenção!

Atualmente, a leitura literária vai além – e uma das grandes provas é a relação entre o livro 1984 e o jogo Orwell. A base é a mesma nas duas histórias, mas o meio (também chamado de *modo*) é diferente. A multimodalidade, ou os textos que são dispostos em diferentes mídias, muda a forma como as pessoas leem e permite a elas modificar seu entendimento. Ademais, há uma infinidade de recursos hipertextuais, ou seja, aqueles que rompem a barreira de um único modo, incentivando o leitor a buscar outros meios e espaços para a sua leitura.

Um bom exemplo da hipertextualidade é o que você, leitor ou leitora, pode ter feito durante a leitura deste livro. Se, em algum momento, você leu uma informação sobre um jogo digital ou analógico e decidiu buscar mais informações sobre ele, isso é uma prova de que as leituras que fazemos são moldadas por essas barreiras, que não nos prendem.

Assim, o trabalho com a literatura em sala de aula, por meio tanto da gamificação quanto de jogos digitais ou qualquer outro, deve levar tudo isso em consideração. Não se trata apenas de ler e discutir questões de vestibular, algo ainda muito comum aos estudantes do ensino médio, mas de ir além, trazer isso para um momento que engaje o aluno e o incentive a buscar mais leituras.

A seguir, veja um exemplo de gamificação com literatura.

Exemplo prático

Uma professora do ensino médio recebe a lista dos livros que serão utilizados no vestibular de uma importante universidade. Sabendo que seus alunos vão precisar ler os livros e trabalhar com esses temas, a professora decide encontrar outras estratégias para explorar os textos, que sejam mais engajadoras e motivadoras.

Para trabalhar com os livros *Morte e vida severina* (João Cabral de Melo Neto, 2007), *Memórias póstumas de Brás Cubas* (Machado de Assis, 1999) e *Relato de um certo Oriente* (Milton Hatoum, 2000), a professora cria três estações, que são chamadas de *Cenários*. Ela divide seus alunos em três grupos para que passem em todas as estações e possam aproveitá-las, e eles devem cumprir algumas missões.

Na primeira estação, que a professora denominou *Do Líbano a Manaus*, os alunos recebem a missão de analisar o perfil de alguns imigrantes, sendo estes personagens da obra de Hatoum. Além disso, nessa estação, os alunos devem refletir sobre a situação da saúde mental dos imigrantes a partir da readaptação em um novo espaço.

Na segunda estação, chamada de *Às margens do Capibaribe*, os alunos têm a missão de analisar as situações do nordeste brasileiro, pondo em perspectiva a falta de terra, água e alimentos que afeta a região criticamente. A professora pede aos alunos que reflitam sobre os percalços dos moradores das regiões mais pobres e afastadas, fazendo comparações com as grandes cidades.

A terceira estação é intitulada *Rio de Janeiro, 1880* e representa a época da obra machadiana. Nesse cenário, os alunos devem analisar como as ações têm consequências e afetam as memórias das pessoas.

Depois de os alunos passarem pelas três estações, a professora inicia a discussão sobre as reflexões dos alunos. Tendo em vista tudo o que os alunos conversaram e analisaram, ela afunila a discussão e define um tema em comum entre as três obras: as questões que envolvem o viver e o morrer.

Para isso, a professora faz comparações entre personagens e trechos e permite que os alunos tragam suas leituras de mundo acerca dos temas, bem como percepções e vivências. O espaço da aula é utilizado, então, como ambiente de discussão e aprofundamento das reflexões.

> Somente quando a professora percebe que os alunos se mostram interessados e despertos é que ela inicia a leitura das obras, considerando que todos estão preparados e engajados com o que precisam ler.

O que você leu é uma combinação das chamadas *metodologias ativas*, aquelas que possibilitam a ação do aluno como agente de sua aprendizagem, com as mecânicas dos jogos, criando-se uma experiência gamificada de pré-leitura que visa motivar e incentivar os alunos na etapa de leitura das obras literárias em si.

Certamente, a professora poderia ter aproveitado o conteúdo de outras formas e ter organizado sua aula por outro viés, mas o fato de a docente ter articulado as três obras literárias por meio de cenários e de seu trabalho com a questão viver/morrer favoreceu a aprendizagem e o interesse dos alunos significativamente. Além disso, os alunos puderam, de certa forma, interagir com o contexto real que está por trás das narrativas de ficção, seja nas histórias, seja nos poemas.

seispontoquatro
A gamificação e o ensino da gramática

Assim como dizemos que nada pode ser ensinado sem um contexto, é muito difícil ensinar um conteúdo de língua portuguesa de forma isolada – afinal, as construções formais e informais da língua estão nos mais diversos meios, inclusive em produções literárias.

Nesta seção, vamos analisar especificamente como é possível trabalhar com o ensino de gramática da língua portuguesa por meio de experiências gamificadas. No entanto, precisamos lembrar que não podemos nem devemos dissociar esse conteúdo de outros, pois a língua apresenta-se de muitas formas diferentes e nosso foco pode estar em determinado objeto, mas o contexto é sempre importante.

Como bem observa Waal (2009), o ensino de gramática acompanha todo o percurso escolar, da educação infantil até o final do ensino médio. Contudo, como a autora destaca, não é uma garantia do desenvolvimento de habilidades de leitura e escrita consistentes, pois ainda há notas baixas, falta de foco e um fraco engajamento dos alunos.

Se pensarmos nessa perspectiva apresentada pela autora, lembraremos que temos um ensino ainda focado na gramática normativa – aquela que é prescrita em livros de gramática, pautada no uso da língua de acordo com a norma culta. Porém, pelo viés da análise e da prática linguística, a gramática é ensinada em seu contexto de uso, e a língua "é vista ou entendida como algo em constante transformação, cria e recria-se a todo momento, resultado das interações entre os sujeitos" (Waal, 2019, p. 984).

Perini (2000), na mesma linha, comenta os três defeitos do ensino de gramática, a saber: 1) objetivos maldispostos, que criam um conflito entre aqueles que sabem escrever e não necessariamente têm domínio ou conhecimento da teoria gramatical da língua; 2) metodologia inadequada, por meio da qual se diz ao aluno o que é certo e o que é errado conforme as normas; e 3) falta de organização lógica, o que desmotiva o aluno para aprender.

Em face dessa visão de Perini (2000), Leidens e Mescka (2015, p. 22) indagam a razão de se ensinar gramática e destacam que o ensino de gramática "é baseado em algumas justificativas plausíveis. Assim, pode-se elencá-las, principalmente, em três ordens distintas: cultural, intelectual e científica".

Para os autores, a justificativa cultural é aquela que já vimos ao longo do livro, afinal, a língua pertence à cultura de um povo. Sendo um traço desse povo, é necessário estudá-la e ensiná-la dentro do contexto de uso, pois é ali que está a prática cultural e linguística das pessoas. Já a justificativa intelectual reside no desenvolvimento cognitivo do aluno, que deve aprender a usar a língua, certamente, mas também a refletir e a analisá-la como um objeto cultural e em transformação.

A última justificativa dada por Leidens e Mescka (2015) corresponde à razão científica. Não se trata de debruçar-se sobre gramáticas e livros técnicos relativos ao uso da língua, mas sobre a ciência linguística, que entende a língua como produção cultural e objeto de estudo.

A experiência com *Guerra dos mundos* é um exemplo. A leitura, apesar de ter sido o ponto alto da aula, era apenas uma forma de explorar dois conteúdos principais: primeiro, o gênero teatro, com falas, descrições e efeitos sonoros acompanhando o texto; segundo, a variação da estrutura das frases dos gêneros escritos para os gêneros orais. Sem uma base, um princípio, os alunos não seriam capazes de prosseguir ou, talvez, seria preciso utilizar meios tradicionais para apresentar o conteúdo.

O fato é que o contexto foi fundamental para os alunos entenderem como o conteúdo em questão funciona na prática, sobretudo ao assistirem trechos do filme *Guerra dos mundos*, ouvirem a encenação de Welles com base em um roteiro teatral e lerem os trechos originais de H. G. Wells, em forma de narrativa contínua. Esse foi um trabalho que uniu leitura, literatura e gramática, mas a gamificação permitiu explorar o necessário para o desenvolvimento dos estudantes.

A seguir, leia a habilidade 12 descrita na BNCC para a disciplina de Língua Portuguesa no ensino fundamental, anos finais, do 6º a 9º ano:

(EF69LP12) Desenvolver estratégias de planejamento, elaboração, revisão, edição, reescrita/redesign (esses três últimos quando não for situação ao vivo) e avaliação de textos orais, áudio e/ou vídeo, considerando sua adequação aos contextos em que foram produzidos, à forma composicional e estilo de gêneros, a clareza, progressão temática e variedade linguística empregada, os elementos relacionados à fala, tais como modulação de voz, entonação, ritmo, altura e intensidade, respiração etc., os elementos cinésicos, tais como postura corporal, movimentos e gestualidade significativa, expressão facial, contato de olho com plateia etc. (Brasil, 2018, p. 145)

No exemplo comentado, os alunos tiveram contato com o mesmo texto em quatro modos diferentes – narrativa, roteiro de rádio, *performance* em rádio e adaptação para cinema – e cada um apresentou características únicas que evidenciaram pontos da história de H. G. Wells que mudaram em cada modo.

No entanto, esse trabalho não seria possível sem que os alunos tivessem contato com a gramática da língua portuguesa, sobretudo com recursos de retextualização linguística no momento da transposição de um gênero para outro.

Então, assim como foi feito com a leitura e com a literatura, o trabalho com a gramática também pode ser gamificado se lembrarmos que o contexto é fundamental para que o objeto instrucional ou tema de estudo faça sentido. Veja o exemplo a seguir.

Exemplo prático

Uma professora do 5º ano recebe todo o material e os conteúdos que devem ser abordados no decorrer do ano letivo. Para se organizar melhor, ela observa quais são os conteúdos que deverão ser trabalhados ao longo de cada bimestre e, então, decide gamificar a experiência.

Na primeira semana de aula, a professora divide seus alunos em oito grupos, sendo dois grupos para cada semestre. Cada grupo recebe um tema gramatical que será enfocado ao longo do ano.

A professora explica que a gramática é como se fosse um mundo. Cada pedacinho se junta para formar o todo: tudo aquilo que vimos, lemos, ouvimos. Então, a professora pede que os alunos criem um território que represente seu conteúdo gramatical, aproveitando a oportunidade para fazer uma avaliação diagnóstica com base nas dúvidas dos alunos.

> Ao final, a professora transforma os territórios dos alunos em um grande mapa, formado pela criação de cada grupo. Em cada aula do bimestre, a professora combina com os alunos que serão feitas "explorações" do território e que eles vão ter uma conquista – um troféu em adesivo fixado em seu caderno – representando cada lugar que visitaram.
>
> Cada vez que os alunos chegam a um novo território, a professora solicita aos grupos que introduzam o que pensaram e qual era o conteúdo, alinhando as criações dos alunos com experiências diversas relacionadas ao conteúdo.

O principal fator que podemos destacar da experiência criada pela professora, além do uso de mapas e territórios como meio de explorar o conteúdo (quase literalmente), é o engajamento dos alunos. A professora permitiu que os alunos tivessem uma participação ativa na produção de seu conhecimento, oportunizando que já soubessem tudo o que seria trabalhado antes mesmo de chegarem ao próximo bimestre.

Além disso, houve um momento fundamental em que se fez uma avaliação diagnóstica, mesmo sem ser por meio de uma avaliação formal ou padrão. O importante foi o vínculo que a professora criou entre ela, seus alunos e os conteúdos da disciplina por meio de uma experiência simples e que não demandou mais recursos do que papel e lápis.

A BNCC, ao tratar do ensino de Língua Portuguesa, deixa claro que nunca será apenas a gramática, mas a articulação da gramática em outros conteúdos, como você viu anteriormente.

Leia a habilidade 47 do ensino fundamental, anos finais, do 6º ao 9º ano:

> (EF69LP47) *Analisar, em textos narrativos ficcionais, as diferentes formas de composição próprias de cada gênero, os recursos coesivos que constroem a passagem do tempo e articulam suas partes, a escolha lexical típica de cada gênero para a caracterização dos cenários e dos personagens e os efeitos de sentido decorrentes dos tempos verbais, dos tipos de discurso, dos verbos de enunciação e das variedades linguísticas (no discurso direto, se houver) empregados, identificando o enredo e o foco narrativo e percebendo como se estrutura a narrativa nos diferentes gêneros e os efeitos de sentido decorrentes do foco narrativo típico de cada gênero, da caracterização dos espaços físico e psicológico e dos tempos cronológico e psicológico, das diferentes vozes no texto (do narrador, de personagens em discurso direto e indireto), do uso de pontuação expressiva, palavras e expressões conotativas e processos figurativos e do uso de recursos linguístico-gramaticais próprios a cada gênero narrativo.* (Brasil, 2018, p. 159)

Quando fazemos uma pesquisa breve na BNCC com o uso de qualquer recurso de busca textual que faça a leitura do documento digital, constatamos que a palavra *gramática* aparece apenas 39 vezes em um documento de 600 páginas. É claro que o ensino de linguagens condiz apenas com uma parte desse documento, mas o número de vezes, comparado ao tamanho do documento, mostra o quão importante é essa articulação.

Por isso, ao aplicar ou desenvolver um sistema gamificado com vistas ao estudo gramatical da língua portuguesa, o professor deve buscar articulá-lo com leitura e literatura, bem como com contextos reais de produção e uso da língua.

Síntese

Neste capítulo, vimos que...

A interdisciplinaridade consta na BNCC como um ponto necessário para o desenvolvimento integral do aluno. Por isso, mesmo que a experiência gamificada seja desenvolvida na aula de Língua Portuguesa, é possível encontrar meios de interagir com as demais disciplinas. É importante lembrar que a interdisciplinaridade compreende a articulação de várias áreas do conhecimento sobre um tema, que pode ser abordado por diferentes vieses.

A leitura é fundamental na formação do aluno, e não apenas um conteúdo obrigatório. A gamificação surge como uma alternativa para lidar com a formação do leitor, possibilitando trabalhar com uma ou todas as etapas – pré-leitura, leitura e pós-leitura. A aplicação da gamificação no trabalho com a leitura permite acompanhar qualquer gênero, seja escrito, seja oral, até mesmo hipertextual.

Literatura e gamificação podem ser excelentes quando aplicadas juntas. O trabalho com livros literários por meio do sistema gamificado, mesmo quando obrigatórios, permite o encontro do aluno com o conteúdo e sua transposição para a realidade por meio de diferentes análises e perspectivas. Além disso, uma vez que trabalhos literários exigem uma leitura diferenciada, principalmente interpretativa, a gamificação pode possibilitar um novo olhar sobre o conteúdo.

É possível usar a gamificação para trabalhar com conteúdos gramaticais. No entanto, como a BNCC indica, o trabalho com a gramática não deve ser isolado, mas articulado com outros tópicos, como interpretação de texto e desenvolvimento de habilidades de comunicação e leitura. Ademais, é importante que o conteúdo gramatical esteja articulado com a realidade e o contexto de uso, para que possa ser mais significativo.

Atividades de autoavaliação

1. Em qual etapa da leitura o leitor ativa conhecimentos prévios e interage com o contexto da leitura?
   a. Pré-leitura.
   b. Pós-leitura.
   c. Leitura propriamente dita.
   d. Leitura silenciosa.
   e. Leitura dinâmica.

2. Se um professor, após a leitura de uma obra literária para o vestibular, enfoca a escolha de palavras e a estrutura sintática para analisar os significados que o autor procurou estabelecer, ele está trabalhando com que tipo de conteúdo?
   a. Apenas leitura.
   b. Apenas literatura.

c. Apenas gramática.

d. Gramática e leitura.

e. Gramática, leitura e literatura.

3. Por que é importante articular todos os aspectos linguístico-
-gramaticais no ensino de língua?

a. Porque o aluno vai precisar deles para o vestibular.

b. Porque a língua nunca é produzida de forma isolada.

c. Porque as pessoas sempre usam a língua fora de contexto.

d. Porque a língua portuguesa é diferente das demais.

e. Porque a gamificação exige que seja assim.

4. Com relação à gamificação da leitura, por que aplicar um sistema
gamificado pode ser mais eficiente do que uma ficha de leitura?

a. Na gamificação, os alunos podem explorar conteúdos e construir
novos significados por meio da própria experiência.

b. A ficha de leitura é mais propícia para a avaliação do aluno.

c. A gamificação permite que o aluno leia mais em menos tempo.

d. A gamificação e a ficha de leitura são eficientes da mesma forma,
pois permitem ao aluno interagir com o conteúdo da leitura.

e. A leitura deve ser avaliada, e a ficha de leitura possibilita que o
professor conheça o que os alunos entenderam.

5. Sobre a gamificação e o ensino de Língua Portuguesa, assinale
(V) para verdadeiro e (F) para falso:

(   ) É possível gamificar apenas a pré-leitura e a pós-leitura.

(   ) O trabalho de leitura pode incluir também o trabalho com
literatura.

(   ) A gamificação permite a articulação da leitura de diferentes gêneros textuais.

(   ) Não é possível gamificar questões linguístico-gramaticais.

(   ) Quando desenvolve um sistema gamificado, o professor pode articular seu conteúdo com outros componentes curriculares.

Agora, assinale a alternativa que apresenta a resposta correta:

a. F – V – F – V – F.

b. F – V – V – F – V.

c. F – F – V – V – F.

d. V – V – F – V – F.

e. V – F – V – V – V.

Atividades de aprendizagem

Questões para reflexão

1. Com base na leitura do capítulo, reflita: se o professor tem alunos que não gostam ou sentem preguiça de ler, de que modo a gamificação combinada com a hipertextualidade pode amparar esse processo?

2. Pense em você como leitor. De que forma você acha que a gamificação poderia mudar sua relação com a língua portuguesa e com a literatura?

Atividade aplicada: prática

1. Escolha uma obra literária brasileira. Rascunhe uma atividade gamificada para ser conduzida como pré-leitura com base nas sugestões apresentadas no capítulo.

considerações finais

℄ QUERIDO LEITOR, QUERIDA leitora, que jornada percorremos até aqui, não é mesmo? Depois de conhecer mais sobre jogos analógicos, jogos digitais e a própria gamificação, esperamos que você se sinta mais confiante para aplicar essas sugestões em sua realidade. Se você ainda precisa de um último exemplo real de como os jogos e a gamificação são realmente marcantes, aqui vai uma reflexão final.

Dota 2 é um dos jogos competitivos mais conhecidos do mundo, com milhões de jogadores. É um dos *e-sports* com o maior número de competidores e, pasme, de premiação – em sua primeira edição, o prêmio foi de um milhão e seiscentos mil dólares. Isso mesmo, o prêmio para uma competição de esporte digital ultrapassou um milhão de dólares (Gough, 2021).

O valor acumulado do prêmio é dividido entre os participantes, e cada time recebe uma porcentagem de acordo com a sua posição no *ranking* (ou classificação), sofrendo descontos por impostos e taxas. Na primeira edição, um dos jogadores conseguiu comprar uma mesa nova depois de participar, e isso foi um grande motivo de orgulho para o jovem (Free..., 2014).

Se isso não for admirável o suficiente, saiba que, em 2021, o prêmio foi de quarenta milhões de dólares; assim, o time que ficou em primeiro lugar recebeu 45% do valor, algo em torno de 18 milhões de dólares (Gough, 2021). O valor inicial do prêmio foi o mesmo da primeira edição, porém, a arrecadação do valor adicional foi realizada por meio da compra de passes do Dota 2 por outros jogadores e espectadores, além de outras vendas dentro do jogo.

A situação é tão surpreendente que a desenvolvedora do jogo, a Valve Corporation, lançou um documentário sobre a história desses jogadores – *Free to Play* (2014), disponível na internet para assistir gratuitamente. O título é uma brincadeira com o duplo sentido da palavra *free*, que pode ser traduzida como "gratuito" ou "livre".

O fato é que muitos outros jogos não competitivos podem não proporcionar uma recompensa física e milionária, mas oferecem o ponto principal que discutimos ao longo do livro: motivação.

Algo que você deve levar com você depois ler todos os capítulos é que a motivação é o ponto alto da aprendizagem e que, sem ela, os alunos não são capazes de ter uma aprendizagem significativa, crítica. Aquilo que aprendem forçados se torna apenas algo memorizado, para fins avaliativos e nada mais. A motivação é o interesse, é o engajamento, é a condição de estar envolvido.

Como mencionamos, há muitas formas de motivar um aluno, e uma delas é a própria gamificação. A experiência gamificada supõe a transposição de mecânicas, dinâmicas e componentes dos jogos digitais para outros contextos, mas isso não quer dizer que o professor precise criar uma brincadeira, tampouco que a aula tenha de ser divertida. A diversão deve significar engajamento e envolvimento, não algo cômico, no qual os alunos ignorem o que estão aprendendo de novo ou as habilidades que estão desenvolvendo.

Há diversas mecânicas (como recompensas, *feedback*, avatares e pontuação), dinâmicas (como regras e constrições) e componentes (como dados, placares e tabuleiros) que podem ser aproveitados para a gamificação. Não é necessário aplicar todos em uma única experiência, mas ter em mente o que será mais efetivo para engajar os alunos é um primeiro passo.

Além disso, a exemplo dos jogos com finalidades educacionais, é importante delimitar o objetivo instrucional. Como em um bom plano de aula ou sequência didática, saber exatamente qual é o objetivo a ser atingido ajuda o professor a visualizar quais passos serão tomados, escolhendo atividades e exercícios que lhe deem suporte. O desafio, uma das mecânicas dos jogos mais usadas na gamificação, pode ser o próprio objetivo instrucional (geral) ou os demais objetivos (específicos) que pavimentarão o caminho da aprendizagem.

Podemos afirmar, então, que, qualquer que seja a estratégia adotada pelo professor em sua aula, desenvolvendo um sistema gamificado ou não, ele deve sempre visar à autonomia do aluno, mediando sua aprendizagem. O professor deve buscar despertar os alunos para serem mais conscientes e, para tanto, é necessário romper com o tradicionalismo em sala e procurar novas alternativas.

Se você é professor ou professora, esperamos que este livro tenha lhe dado o prazer de conhecer esse mundo que, com certeza, tem muito potencial para ser usado em sala de aula. Não deixe de voltar ao texto sempre que precisar e lembre-se: seja motivador/motivadora! Seus alunos vão agradecer!

lista de jogos mencionados no livro

2600 a.C.

Senet – Encontrado no Egito; é um jogo de tabuleiro, analógico.

Jogo de Ur (Game of Ur) – Encontrado no Iraque; é um jogo de tabuleiro, analógico.

200 a.C.

Liubo – Encontrado na China; é um jogo de tabuleiro, analógico.

Século XV

Xadrez – Possivelmente desenvolvido na Índia; é um jogo de tabuleiro, analógico e do gênero estratégia (que exige raciocínio lógico e resolução de problemas).

Tarô – Possivelmente desenvolvido na Europa; é um jogo de cartas, analógico, com finalidades divinatórias.

1935

Monopoly – Publicado e distribuído por Hasbro/Parker Brothers; é um jogo de tabuleiro, analógico, do gênero família (jogos para crianças e adolescentes).

1943

Detetive (Clue) – Publicado e distribuído por Hasbro/Parker Brothers; é um jogo de tabuleiro, analógico, do gênero família.

1949

Candy Land – Publicado e distribuído por Hasbro; é um jogo de tabuleiro, analógico, do gênero família.

1957

War (Risk) – Publicado e distribuído por Hasbro; é um jogo de tabuleiro, analógico, do gênero estratégia e conquista (que envolve conquistar e dominar territórios).

1958

Tennis for Two – Desenvolvido por William Higinbotham; é um jogo para computador analógico, do gênero esporte (que simula um esporte real).

1960

Jogo da Vida – Publicado e distribuído por Milton Bradley Company; é um jogo de tabuleiro, analógico, do gênero família.

1972

Pong – Desenvolvido por Allan Alcorn; é um jogo digital do gênero *arcade* (que exige alguma habilidade).

1974

Dungeons & Dragons – Criado por Gary Gygax e publicado por Wizards of the Coast; é um jogo analógico de fantasia (baseado em cenários não reais) e RPG – *Role-Playing Game* (interpretação de papéis).

1980

Pac-Man – Distribuído por Bandai Namco Studios; é um jogo digital do gênero *arcade*.

1980

Frogger – Distribuído por Konami; é um jogo digital dos gêneros *arcade* e ação (em que os desafios são baseados em ações, além de coordenação entre visão e funções motoras).

1985

Super Mario Bros – Distribuído por Nintendo; é um jogo digital dos gêneros *arcade* e plataforma (em que se deve mover o personagem entre dois pontos principais, como o começo e o fim de uma fase).

1987

Final Fantasy – Distribuído por Square Enix; é um jogo digital de fantasia e RPG.

1988

Madden NFL – Distribuído por Electronic Arts Sports; é um jogo digital dos gêneros esporte e simulação (que simula contextos reais).

1989

Prince of Persia – Distribuído por Ubisoft; é um jogo digital dos gêneros ação e aventura (que envolve exploração e narrativa).

SimCity – Desenvolvido e distribuído por Maxis/Electronic Arts; é um jogo digital do gênero simulação.

1990

Super Mario World – Distribuído por Nintendo; é um jogo digital dos gêneros *arcade*, aventura e plataforma.

1991

Street Fighter II – Distribuído por Capcom; é um jogo digital dos gêneros luta e ação.

1992

Mortal Kombat – Distribuído por Midway Games; é um jogo digital dos gêneros luta e ação.

1993

Goofy Troop – Distribuído por Capcom; é um jogo digital dos gêneros *arcade*, aventura e plataforma.

FIFA Soccer – Distribuído por Electronic Arts Sports; é um jogo digital dos gêneros esporte e simulação.

Super Mario Kart – Distribuído por Capcom; é um jogo digital do gênero corrida.

1994

Donkey Kong Country – Distribuído por Rare e Nintendo; é um jogo digital dos gêneros *arcade*, aventura e plataforma.

Warcraft – Desenvolvido e publicado por Blizzard Entertainment; é um jogo digital do gênero RTS – *Real-Time Strategy* ("estratégia em tempo real", que envolve o raciocínio rápido e a tomada de decisões instantaneamente).

1995

Catan (Descobridores de) – Desenvolvido por Franckh-Kosmos Verlag; é um jogo de tabuleiro, analógico, do gênero estratégia.

1996

Resident Evil – Distribuído por Capcom; é um jogo digital dos gêneros ação e terror.

Pokémon – Distribuído por The Pokémon Company/Nintendo; é um jogo digital do gênero RPG.

Tomb Raider – Distribuído por Eidos Interactive; é um jogo digital dos gêneros ação e aventura.

1997

Sítio do Pica-Pau Amarelo – Distribuído por Tectoy; era um jogo digital com finalidades educacionais.

Final Fantasy VII – Distribuído por Square Enix; é um jogo digital dos gêneros fantasia e RPG.

1998

Half-Life – Conhecido como o maior jogo desenvolvido e publicado pela Valve Corporation; é um clássico dos gêneros ação e FPS – *First-Person Shooter* ("tiro em primeira pessoa", em que o jogador enxerga a cena como se fosse o personagem).

1999

EverQuest – Distribuído por Sony Online Entertainment/Ubisoft; é um jogo digital dos gêneros fantasia, RPG e *multiplayer* (para vários jogadores).

2000

The Sims – Desenvolvido e distribuído por Maxis/Electronic Arts; é um jogo digital do gênero simulação (subgênero simulação de vida, pois permite acompanhar o desenvolvimento dos personagens).

2001

Metal Gear Solid 2: Sons of Liberty – Distribuído por Konami Computer Entertainment Japan; é um jogo digital dos gêneros ação e furtivo (que envolve situações em que o jogador deve escapar ou evitar conflitos).

Phoenix Wright: Ace Attorney – Distribuído por Capcom; é um jogo digital do gênero aventura.

2002

Kingdom Hearts – Distribuído por Square Enix; é um jogo digital dos gêneros aventura, fantasia e RPG.

2003

Call of Duty – Distribuído por Activision; é um dos jogos digitais dos gêneros FPS e ação mais populares.

2004

Half-Life 2 – Continuação do primeiro, desenvolvido e publicado pela Valve Corporation; é um jogo digital dos gêneros ação e FPS.

World of Warcraft – Desenvolvido e publicado por Blizzard Entertainment; foi considerado o maior jogo digital dos gêneros RPG e *multiplayer*.

2005

NBA – Distribuído por Sony Computer Entertainment; é um jogo digital dos gêneros esporte e simulação.

Guitar Hero – Distribuído por Activision; é um popular jogo digital dos gêneros simulação e música.

2007

Portal – Desenvolvido e publicado pela Valve Corporation; é um aclamado jogo digital dos gêneros *puzzle* ("quebra-cabeça", com desafios que precisam de reflexão e análise) e ação.

BioShock – Desenvolvido e publicado pela 2K Games; é um jogo digital dos gêneros ação e FPS.

2008

Persona 4 – Desenvolvido e publicado pela Atlus; é um dos mais célebres JRPGs – *Japanese Role-Playing Games* (jogo de interpretação japonês).

2009

Borderlands – Desenvolvido e publicado pela 2K Games/Gearbox Software; é um jogo digital dos gêneros ação, RPG e FPS.

FarmVille – Desenvolvido por Zynga; é um dos jogos mais comuns em plataformas móveis (celulares) do gênero simulação.

2010

Super Meat Boy – Desenvolvido por Team Meat; é um jogo digital dos gêneros plataforma e *indie* (desenvolvido por uma produtora independente, pequena).

2011

Portal 2 – Desenvolvido e publicado pela Valve Corporation; é a continuação do aclamado jogo digital dos gêneros *puzzle* e ação.

Minecraft – Desenvolvido por Mojang Studios; é um jogo digital do gênero *sandbox* (que permite a criação e a exploração livre).

2012

Candy Crush – Publicado e distribuído por King; é um jogo digital para plataformas móveis do gênero *puzzle*.

2013

Dota 2 – Desenvolvido e publicado pela Valve Corporation; é um jogo digital competitivo dos gêneros arena de batalha e *multiplayer*.

The Last of Us – Desenvolvido por Naughty Dog; é um dos jogos digitais mais aclamados pela sua qualidade de gráfico; dos gêneros ação e aventura.

Final Fantasy XIV – Distribuído por Square Enix; é um jogo digital dos gêneros fantasia e RPG, agora *multiplayer*.

2016

Stardew Valley – Desenvolvido e publicado por ConcernedApe; é um jogo digital dos gêneros simulação, RPG e *indie*.

Orwell: Keeping an Eye on You – Desenvolvido por Osmotic Studios; é um jogo digital do gênero simulação, com base na obra *1984*, de George Orwell.

2017

Fortnite – Desenvolvido e publicado pela Epic Games; é um jogo digital competitivo dos gêneros arena de batalha e *multiplayer*.

2018

Sea of Thieves – Desenvolvido por Rare; é um jogo de piratas dos gêneros ação e aventura.

2020

Persona 5 Royal – Desenvolvido e publicado pela Atlus; é um dos mais célebres JRPGs.

referências

AGUIAR, A. P. S. Jogos eletrônicos e ensino de Língua Portuguesa: algumas reflexões. Texto Livre: Linguagem e Tecnologia, Belo Horizonte, v. 10, n. 2, p. 1-17, 2017. Disponível em: <https://periodicos.ufmg.br/index.php/textolivre/article/view/16758/13515>. Acesso em: 10 abr. 2022.

ALVES, F. Gamification: como criar experiências de aprendizagem engajadoras. São Paulo: DVS, 2015.

ANDRADE, C. S. M. de.; FERNANDES, E. M. F.; SOUZA, M. A. de. As tecnologias como ferramentas na educação linguística: a BNCC e a visão dos professores. Texto Livre: Linguagem e Tecnologia, Belo Horizonte, v. 12, n. 2, p. 30-46, 2019. Disponível em: <https://periodicos.ufmg.br/index.php/textolivre/article/view/16841/13602>. Acesso em: 10 abr. 2022.

ANTUNES, C. Professores e professauros: reflexões sobre a aula e práticas pedagógicas diversas. 6. ed. Petrópolis: Vozes, 2012.

ASSIS, M. de. Memórias Póstumas de Brás Cubas. São Paulo: Moderna, 1999.

BACICH, L.; MORAN, J. (Org). Metodologias ativas para uma educação inovadora: uma abordagem teórico-prática. Porto Alegre: Penso, 2018.

BEAVEN, P. R. Building English Vocabulary with Etymology from Latin: Roots, Part I. Andover, MA: Beaven & Associates, 2008.

BENTHEM, J. V. Logic in Games. London: MIT Press, 2014.

BIRD, H. E. Chess History and Reminiscences. Salt Lake City: Gutenberg, 2004.

BOLLER, S.; KAPP, K. Jogar para aprender: tudo o que você precisa saber sobre o design de jogos de aprendizagem eficazes. São Paulo: DVS, 2018.

BOTTON, A. What Is Culture for? London: The School of Life, 2018.

BRADY, M. The Monopoly Book. New York: David McKay, 1974.

BRAGA, D.; PINHEIRO, P.; ROCHA, C. H. Educação linguística e tecnologias: perspectivas e desafios. In: LIMA, E. (Org.). Linguística aplicada na Unicamp: travessias e perspectivas. São Paulo: Canal 6, 2021. p. 116-133.

BRASIL. Ministério da Educação. Base Nacional Comum Curricular: educação é a base. Brasília: Ministério da Educação, 2018. Disponível em: <http://basenacionalcomum.mec.gov.br/images/BNCC_EI_EF_110518_versaofinal_site.pdf>. Acesso em: 10 abr. 2022.

BRASIL. Ministério das Comunicações. Pesquisa mostra que 82,7% dos domicílios brasileiros têm acesso à internet. 14 abr. 2021. Disponível em: <https://www.gov.br/mcom/pt-br/noticias/2021/abril/pesquisa-mostra-que-82-7-dos-domicilios-brasileiros-tem-acesso-a-internet>. Acesso em: 10 abr. 2022.

BRASIL. Lei n. 9.394, de 20 de dezembro de 1996. Diário Oficial da União, Poder Legislativo, Brasília, DF, 23 dez. 1996. Disponível em: <http://www.planalto.gov.br/ccivil_03/leis/l9394.htm>. Acesso em: 10 abr. 2022.

BRITO, G. S.; PURIFICAÇÃO, I. da. Educação e novas tecnologias: um (re)pensar. 3. ed. rev. atual. e ampl. Curitiba: Ibpex, 2011.

BURKE, B. Gamificar: como a gamificação motiva as pessoas a fazerem coisas extraordinárias. São Paulo: DVS, 2015.

CARSTENSDOTTIR, E.; KLEINMAN, E.; EL-NASR, M. S. Player Interaction in Narrative Games: Structure and Narrative Progression Mechanics. In: INTERNATIONAL CONFERENCE ON THE FOUNDATIONS OF DIGITAL GAMES, 14., 2019, San Luis Obispo, California. Proceedings... 2019. p. 1-19. Disponível em: <https://dl.acm.org/doi/abs/10.1145/3337722.3337730>. Acesso em: 10 abr. 2022.

CHRISTIE, A. Assassinato no Expresso do Oriente. Rio de Janeiro: Nova Fronteira, 1980.

COSCARELLI, C. V.; RIBEIRO, A. E. Leitura e ensino: por avaliações que levem (mesmo) os ambientes digitais em consideração. Texto Digital, Florianópolis, v. 15, n. 2, p. 101-129, jul./dez. 2019. Disponível em: <https://periodicos.ufsc.br/index.php/textodigital/article/view/1807-9288.2019v15n2p101/42347>. Acesso em: 10 abr. 2022.

CRIST, W.; DUNN-VATURI, A.; VOOGT, A. Ancient Egyptians at Play: Board Games across Borders. New York: Bloomsbury, 2016.

CRUZ, F. R. Competências digitais, jogos digitais e a Base Nacional Comum Curricular. In: CAMARGO JUNIOR, I.; RIBEIRO, K. R.; NASCIMENTO, S. S. do (Org.). Base Nacional Comum Curricular e as diferentes áreas: múltiplos olhares. São Paulo: Mentes Abertas, 2020a. p. 105-114.

CRUZ, F. R. Letramento digital em língua inglesa: limites e potencialidades de Sid Meier's Civilization V. In: MACHADO, G. E.; SEVERO, B. A. (Org.). Linguagens em movimento no ensino: atravessamentos e experiências. São Paulo: Pimenta Cultural, 2020b. p. 49-69.

CUPANI, A. Filosofia da tecnologia: um convite. Florianópolis: Ed. da UFSC, 2011.

CURRY, A. Monopoly Killer: Perfect German Board Game Redefines Genre. Wired, 23 Mar. 2009. Disponível em: <https://www.wired.com/2009/03/mf-settlers>. Acesso em: 12 maio 2022.

DAROLT, V. (Org.). Gamificar em sala de aula. Curitiba: CRV, 2021.

DECKER, R.; DEPAULIS, T.; DUMMETT, M. A Wicked Pack of Cards: the Origins of the Occult Tarot. London: Duckworth, 2013.

EDWARDS, J. R. Saving Families, One Game at a Time. Wayback Machine, Dec. 2014. Disponível em: <https://web.archive.org/web/20160205071220/http://visionandvalues.org/docs/familymatters/Edwards_Jason.pdf>. Acesso em: 10 abr. 2022.

FREE to Play. Bellevue: Velve Corporation, 2014. 75 min. Documentário.

GANCHO, C. V. Como analisar narrativas. São Paulo: Ática, 2010.

GEE, J. P. A Situated Sociocultural Approach to Literacy and Technology. In: BAKER, E. A. (Ed.). The New Literacies: Multiple Perspectives on Research and Practice. New York: Guilford Press, 2010. p. 165-193.

GEE, J. P. Teaching, Learning, Literacy in Our High-risk, High-tech World: a Framework for Becoming Human. New York: Teachers College Press, 2017.

GEE, J. P. What Video Games Have to Teach Us about Learning and Literacy. New York: Palgrave MacMillan, 2007.

GIRDWOOD, A. D&D: The 'What does that stand for?' list. Geek Native, 18 Feb. 2009. Disponível em: <https://www.geeknative.com/64619/dd-the-what-does-that-stand-for-list>. Acesso em: 12 maio 2022.

GOLDBERG, H. All Your Base Are Belong to Us. New York: Three Rivers Press, 2011.

GOUGH, C. DOTA 2 The International Championship Prize Pool from 2011 to 2021 (in Million U.S. Dollars). Statista, 9 Dec. 2021. Disponível em: <https://www.statista.com/statistics/749033/dota-2-champion ships-prize-pool>. Acesso em: 12 maio 2022.

HATOUM, M. Relato de um certo Oriente. São Paulo: Companhia das Letras, 2000.

HEUSSNER, K. M. Get out of Jail Free: Monopoly's Hidden Maps. ABC News, 17 Sept. 2009. Disponível em: <https://abcnews.go.com/Technology/ monopolys-hidden-maps-wwii-pows-escape/story?id=8605905>. Acesso em: 10 abr. 2022.

ISBISTER, K. How Games Move Us: Emotion by Design. England: MIT Press, 2016.

KALMAN, R. What Is Culture? Ontario: Crabtree Publishing Company, 2009.

KIRSCHNER, P. A.; BRUYCKERE, P. The Myths of the Digital Native and the Multitasker. Teaching and Teacher Education, v. 67, p. 135-142, 2017. Disponível em: <https://www.gwern.net/docs/psychology/2017-kirschner. pdf>. Acesso em: 12 maio 2022.

KRESS, G.; VAN LEEUWEN, T. Reading Images: The Grammar of Visual Design. London: Routledge, 2006.

KUMAR, J.; HERGER, M. Gamification at Work: Designing Engaging Business Software. Denmark: Interaction Design Foundation, 2013.

LEFFA, V. J. Gamificação adaptativa para o ensino de línguas. In: CONGRESSO IBEROAMERICANO DE CIÊNCIA, TECNOLOGIA, INOVAÇÃO E EDUCAÇÃO, 1., 2014, Buenos Aires. Anais... 2014. p. 1-12. Disponível em: <https://www.leffa.pro.br/textos/trabalhos/ Gamificacao_Adaptativa_Leffa.pdf>. Acesso em: 10 abr. 2022.

LEIDENS, A.; MESCKA, P. M. Ensino de gramática: abordagem analítica. *Perspectiva*, Erechim, v. 39, n. 148, p. 19-31, 2015.

LOST Game's Rules Found in Marquis of Haihun's Tomb. *Archeology*, 13 Mar. 2009. Disponível em: <https://www.archaeology.org/news/7470-190313-china-game-rules>. Acesso em: 12 maio 2022.

MAIA, J. O. Novos e híbridos letramentos em contextos de periferia. In: ROJO, R. (Org.). *Escol@ conectada*: os multiletramentos e as TICs. São Paulo: Parábola, 2013. p. 59-72.

MATTAR, J. *Games em educação*: como os nativos digitais aprendem. São Paulo: Pearson Prentice Hall, 2009.

MCGONIGAL, J. *A realidade em jogo*: por que os games nos tornam melhores e como eles podem mudar o mundo. Rio de Janeiro: BestSeller, 2012.

MCMAHON, B. How Board Game Helped Free POWs. *CNN*, 17 Sept. 2009. Disponível em: <https://edition.cnn.com/2007/LIVING/wayoflife/12/05/mf.waropoly/index.html>. Acesso em: 10 abr. 2022.

MELO NETO, J. C. de. *Morte e vida severina e outros poemas*. Rio de Janeiro: Alfaguara, 2007.

MOSER, C.; FANG, X. Narrative Structure and Player Experience in Role-Playing Games. *International Journal of Human-Computer Interaction*, v. 2, n. 31, p. 622-633, 2014.

MUNHOZ, A. S. *Aprendizagens ativas via tecnologias*. Curitiba: InterSaberes, 2019.

NEW LONDON GROUP. A Pedagogy of Multiliteracies: Designing Social Futures. *Harvard Educational Review*, v. 66, n. 1, p. 60, 1996. Disponível em: <https://www.hepg.org/her-home/issues/harvard-educational-review-volume-66-issue-1/herarticle/designing-social-futures_290>. Acesso em: 12 maio 2022.

OLIVEIRA, C. A. R. de. Educação e novas tecnologias: um(re)pensar, de Gláucia Silva Brito e Ivonélia da Purificação. Texto Livre: Linguagem e Tecnologia, Belo Horizonte, v. 6, n. 1, 2013. Resenha. Disponível em: <https://periodicos.ufmg.br/index.php/textolivre/article/view/16625/13384>. Acesso em: 12 maio 2022.

ORWELL, G. 1984. São Paulo: Ibep, 2003.

PALMA, A. C.; CRUZ, F. R. A aprendizagem mediada por jogos digitais. In: CONGRESSO NACIONAL DE EDUCAÇÃO – EDUCERE, 11., 2013, Curitiba. Anais… Curitiba: PUCPR, 2013. p. 14960-14967. Disponível em: <https://educere.bruc.com.br/CD2013/pdf/8816_6458.pdf>. Acesso em: 12 maio 2022.

PERINI, M. Gramática descritiva do português. São Paulo: Ática, 2006.

PERINI, M. Sofrendo a gramática. São Paulo: Ática, 2000.

PILON, M. Monopoly's Inventor: The Progressive Who Didn't Pass 'Go'. The New York Times, 13 Feb. 2015. Disponível em: <https://www.nytimes.com/2015/02/15/business/behind-monopoly-an-inventor-who-didnt-pass-go.html>. Acesso em: 10 abr. 2022.

PRENSKY, M. Digital Game-Based Learning. Saint Paul: Paragon House Edition, 2007.

PRENSKY, M. Don't Bother Me Mom – I'm Learning! Saint Paul: Paragon House, 2006.

PRENSKY, M. From Digital Natives to Digital Wisdom: Hopeful Essays for 21st Century Learning. California: Corwin Press, 2012.

PRENSKY, M. Digital Natives, Digital Immigrants. On the Horizon, v. 9, n. 5, Oct. 2001. Disponível em: <https://www.marcprensky.com/writing/Prensky%20-%20Digital%20Natives,%20Digital%20Immigrants%20-%20Part1.pdf>. Acesso em: 12 maio 2022.

PRIYADERSHINI, S. Traditional Board Games: from Kochi to Iraq. The Hindu, Oct. 2015. Disponível em: <https://www.thehindu.com/features/metroplus/society/tradtional-board-games-from-kochi-to-iraq/article7711918.ece>. Acesso em: 12 maio 2022.

REGGY. Persona Series Surpasses 15 Million Copies Sold Worldwide, Updated Sales for Persona 5 Royal, Persona 4 Golden. Persona Central, 30 June 2021. Disponível em: <https://personacentral.com/persona-series-sales-15-million/#:~:text=The%20Persona%20series%20as%20a,Sega%20Sammy's%20integrated%20report%202020.>. Acesso em: 12 maio 2022.

SALEN, K.; ZIMMERMAN, E. Regras do jogo. São Paulo: Blucher, 2012. v. 1.

SALOMÃO, A. C. B. O componente cultural no ensino e aprendizagem de línguas: desenvolvimento histórico e perspectivas na contemporaneidade. Trabalhos em Linguística Aplicada, Campinas, v. 2, n. 54, p. 361-392, 2015.

SANCHES, M. Jogos digitais, gamificação e autoria de jogos na educação. São Paulo: Senac, 2021.

SANTOS, S. V. C. A. et al. Gamificação e tecnologias digitais: inovando as aulas de Língua Portuguesa. Debates em Educação, Maceió, v. 12, n. 27, p. 634-648, maio/ago. 2020.

SCHWARTZ, A. B. The Infamous "War of the Worlds" Radio Broadcast Was a Magnificent Fluke. Smithsonian Magazine, May 2015. Disponível em: <https://www.smithsonianmag.com/history/infamous-war-worlds-radio-broadcast-was-magnificent-fluke-180955180>. Acesso em: 12 maio 2022.

SHAFFER, D. W. How Computer Games Help Children Learn. New York: Palgrave MacMillan, 2006.

SILVA, S.; COSTA, S. Dinâmicas e jogos para aulas de Língua Portuguesa. Rio de Janeiro: Vozes, 2017.

SKINNER, B. F. Contingencies of Reinforcement: a Theoretical Analysis. New Jersey: Prentice Hall, 1969.

SOARES, L. L.; FERREIRA, B. M. A importância do letramento literário para a formação do leitor. In: PESQUISAR, 8., 2019, Goiânia. Anais… Goiânia: Alfredo Nasser, 2019. p. 1-9. Disponível em: <http://www.unifan. edu.br/unifan/aparecida/wp-content/uploads/sites/2/2020/07/A-IMPOR T%C3%82NCIA-DO-LETRAMENTO-LITER%C3%81RIO-PARA-A-FORMA%C3%87%C3%83O-DO-LEITOR.pdf>. Acesso em: 10 abr. 2022.

SOUBEYRAND, C. The Game of Senet. The Game Cabinet, 1995. Disponível em: <http://www.gamecabinet.com/history/Senet.html>. Acesso em: 10 abr. 2022.

SOUZA, R. J.; COSSON, R. Letramento literário: uma proposta para a sala de aula. In: COELHO, S. M. (Org.). Conteúdo e didática de alfabetização. São Paulo: Unesp, 2011. p. 101-107.

SQUIRE, K. Video Games and Learning: Teaching and Participatory Culture in the Digital Age. New York: Teachers College Press, 2011.

WAAL, D. Gramática e o ensino da Língua Portuguesa. In: CONGRESSO NACIONAL DE EDUCAÇÃO – EDUCERE, 9., 2009, Curitiba. Anais… Curitiba: PUCPR, 2009. p. 983-994. Disponível em: <https://educere.bruc. com.br/arquivo/pdf2009/2003_1006.pdf>. Acesso em: 10 abr. 2022.

WELLS, H. G. Guerra dos mundos. São Paulo: Suma, 2016.

WORLD OF WARCRAFT. Warcraft: Orcs & Humans. Disponível em: <https://worldofwarcraft.com/pt-br/story/timeline/chapter-1>. Acesso em: 12 maio 2022.

XAVIER, A. C. Letramento digital: impactos das tecnologias na aprendizagem da Geração Y. Calidoscópio, São Leopoldo, v. 9, n. 1, p. 3-14, jan./abr. 2011. Disponível em: <http://revistas.unisinos.br/index.php/ calidoscopio/article/view/748/149>. Acesso em: 10 abr. 2022.

bibliografia comentada

CRUZ, F. R. Competências digitais, jogos digitais e a Base Nacional Comum Curricular. In: CAMARGO JUNIOR, I.; RIBEIRO, K. R.; NASCIMENTO, S. S. do (Org.). **Base Nacional Comum Curricular e as diferentes áreas**: múltiplos olhares. São Paulo: Mentes Abertas, 2020. p. 105-114.

Buscando traçar uma linha entre a Base Nacional Comum Curricular (BNCC), as competências digitais e os jogos digitais como uma ferramenta para o desenvolvimento dessas competências, o artigo apresenta a possibilidade de utilizar os videogames na educação. A autora discute a abordagem das competências digitais e das tecnologias na BNCC, embasando o uso de jogos digitais como uma ferramenta diferente e inovadora para a aprendizagem do aluno.

DAROLT, V. (Org.). Gamificar em sala de aula. Curitiba: CRV, 2021.

Trata-se de um excelente livro, que descreve muito detalhadamente como transpor as mecânicas dos jogos digitais para as experiências em sala de aula, articulando conteúdos e a gamificação em prol da aprendizagem. A autora destaca o uso das recompensas, enfatizando que elas não precisam ser sempre físicas, e sugere outras formas de reconhecer o trabalho dos alunos.

LEFFA, V. J. Gamificação adaptativa para o ensino de línguas. In: CONGRESSO IBEROAMERICANO DE CIÊNCIA, TECNOLOGIA, INOVAÇÃO E EDUCAÇÃO, 1., 2014, Buenos Aires. Anais... 2014. p. 1-12. Disponível em: <https://www.leffa.pro.br/textos/trabalhos/Gamificacao_Adaptativa_Leffa.pdf>. Acesso em: 10 abr. 2022.

Esse artigo de Vilson Leffa descreve um sistema aberto e propõe seu uso em sala de aula com foco no ensino de línguas. De acordo com o autor, sua ideia era mostrar como pesquisas e práticas se articulam e demonstram todo o potencial dos jogos e da gamificação no âmbito da aprendizagem escolar.

MCGONIGAL, J. A realidade em jogo: por que os games nos tornam melhores e como eles podem mudar o mundo. Rio de Janeiro: BestSeller, 2012.

Jane McGonigal reflete criticamente sobre a forma como os jogos afetam a vida das pessoas, nos mais variados contextos, e sobre as consequências de jogar. A autora traça um panorama acerca do perfil dos jogadores, analisando como esses indivíduos podem mudar o mundo por meio da transposição de suas habilidades dentro dos jogos para a realidade. McGonigal ainda destaca que, embora pareça um movimento solitário, jogar permite que essas pessoas desenvolvam novas habilidades e conhecimentos para a construção de um futuro melhor.

SANCHES, M. Jogos digitais, gamificação e autoria de jogos na educação. São Paulo: Senac, 2021.

A obra de Murilo Sanches explora, com cuidado, as três formas de aprendizagem possíveis em sala: os jogos digitais, a gamificação e a criação de jogos por parte dos próprios alunos. O autor ainda indica muitas ferramentas que podem ser utilizadas na educação, todas gratuitas, e aborda, em detalhes, as características únicas de cada modelo tendo em vista suas concepções e as competências desenvolvidas.

SANTOS, S. V. C. A. et al. Gamificação e tecnologias digitais: inovando as aulas de Língua Portuguesa. Debates em Educação, Maceió, v. 12, n. 27, p. 634-648, maio/ago. 2020.

O artigo publicado por Sandra Santos et al. apresenta um relato de como os autores aplicaram uma experiência gamificada nas aulas de Língua Portuguesa. Os autores ressaltam como o sistema desenvolvido pelos professores foi importante para promover o engajamento e o interesse dos alunos, sobretudo por utilizar diferentes meios – áudio, vídeo, diários de pesquisa e relatos.

respostas*

um

Atividades de autoavaliação

1. b

2. b

3. e

4. c

5. a

Atividades de aprendizagem

Questões para reflexão

1. A reflexão deve ser feita considerando-se a necessidade da humanidade em ter respostas, encontrar soluções para problemas que não podiam ser resolvidos e sanar sua curiosidade em relação aos assuntos espirituais.

---

* Todas as fontes citadas nesta seção constam na lista final de referências.

Como esses temas estavam bem inseridos na cultura das sociedades, eles eram transmitidos para os jogos.

2. Analisar um jogo permite refletir sobre o quanto as sociedades mudam. Se o leitor optou por um jogo mais antigo, é possível que algumas mudanças tenham sido feitas para que o jogo se adequasse ao momento. Por exemplo, a edição brasileira de Monopoly foi lançada sob o nome de Banco Imobiliário e todos os terrenos foram trocados por bairros de São Paulo. Existe uma necessidade de adequar o jogo ao que é real, contemporâneo.

Atividades aplicadas: prática

1. Espera-se uma análise com base no quadro referente ao jogo de tabuleiro Monopoly, apresentado no capítulo, contemplando-se cada um dos itens indicados: objetivo, desafio, regras, interatividade, ambiente de jogo, *feedback*, resultado mensurável e reação emocional.

2. A resposta deve conter uma análise do jogo, das regras, dos desafios e dos *feedbacks* diante das reações dos jogadores. Propõe-se uma descrição atenta sobre cada um dos itens e como eles se relacionam com as emoções expressadas.

dois

Atividades de autoavaliação

1. b

2. c

3. e

4. a

5. a

Atividades de aprendizagem

Questões para reflexão

1. A narrativa está em todos os lugares na sociedade contemporânea. Por exemplo, aqueles que trabalham com cinema, televisão e literatura podem acompanhá-la de perto. Por sua vez, aqueles que se envolvem com *marketing* e publicidade também partem de uma narrativa para criarem propagandas e divulgarem produtos.

2. Assim como descrevemos os jogos World of Warcraft e Persona no capítulo, é esperada uma reflexão sobre o processo de fidelização do jogador em outros RPGs, com foco nos elementos que são motivadores dessa fidelização.

Atividades aplicadas: prática

1. Espera-se uma análise de um jogo em que se contemple cada um dos itens: desafio, sorte, cooperação/competição, *feedback*, recursos, recompensa, transações, turnos e vitória. Cada item, assim como foi feito com o exemplo de Monopoly, deve compreender os aspectos que são parte do jogo.

2. A intenção é verificar se os jogadores se preocupam mais ou menos com determinados elementos, sobretudo com a questão da narrativa.

três

Atividades de autoavaliação

1. b

2. e

3. e

4. c

5. d

6. a

Atividades de aprendizagem

Questões para reflexão

1. A reflexão deve ser sobre o modo como um grupo de afinidade passional funciona e se articula na produção e disseminação de conteúdo. A análise própria permite compreender melhor como o grupo trabalha em coletivo.

2. É importante que o *feedback* seja utilizado como uma maneira de crescimento, ou seja, que forneça críticas construtivas e permita que aquele que as recebe seja capaz de colocá-las em prática. O *feedback* permite um desenvolvimento gradual e contínuo, tanto de um aluno quanto de um grupo de pessoas ou determinados funcionários. Assim, ele é uma mecânica construtiva, que apoia e fomenta o crescimento.

Atividades aplicadas: prática

1. Uma vez que a condição de vitória pode mudar de jogo para jogo, o esperado é que a condição de vitória de um jogo móvel e gratuito possa ser analisada para se entender o que a garante nesse contexto.

2. Utilizando-se a mecânica de trocas, que pode ser realizada com moedas, objetos e propostas, é esperado o rascunho de uma experiência gamificada para Língua Portuguesa que possa contribuir para o trabalho dos capítulos subsequentes.

quatro

Atividades de autoavaliação

1. d

2. d

3. a

4. e

5. b

Atividades de aprendizagem

Questões para reflexão

1. Conhecer diferentes literaturas e bases teóricas do mesmo assunto permite uma ampliação do conhecimento. Assim, entende-se que não é porque Prensky (2007) afirmou que nativos digitais e imigrantes digitais são de uma determinada forma que isso não pode ser questionado. O que é apresentado por diferentes autores sobre um mesmo tema possibilita a discussão, a construção e a reconstrução de conceitos de acordo com a realidade e a transformação da sociedade. O que Prensky (2007) apresenta sobre o início do século XXI poderia ser verdade naquele momento.

2. Espera-se uma reflexão sobre o fato de que o professor é possivelmente um imigrante digital; no entanto, não saber o que está acontecendo com o computador não deve justificar essa classificação. Da mesma forma, os alunos podem ser nativos digitais e não ter certeza do que estão sugerindo.

Atividades aplicadas: prática

1. A questão propõe a análise do objetivo instrucional, que é o objetivo de aprendizagem na gamificação ou no jogo de aprendizagem. O objetivo deve descrever, em detalhes, o que será aprendido e, portanto, deve estar articulado com componentes curriculares.

2. Espera-se a aplicação dos perfis de jogadores em contexto real, observando-se que, apesar de haver quatro perfis, raramente um jogador se encaixa em um único.

cinco

Atividades de autoavaliação

1. c

2. a

3. b

4. a

5. b

Atividades de aprendizagem

Questões para reflexão

1. Objetivos de aprendizagem são muito próximos do objetivo instrucional. Portanto, o que se espera é a reescrita para transformar o objetivo de aprendizagem em um resultado que pode ser obtido ao final de um jogo ou de uma gamificação.

2. A narrativa, de modo geral, é fundamental como fio condutor de experiências e atividades gamificadas. Na aula de Língua Portuguesa, é comum relacionar a narrativa à literatura. No entanto, é preciso lembrar que a narrativa está presente em textos de ficção e não ficção, nas intenções das pessoas e em diversos contextos diferentes. Assim, ela proporciona um encontro com a língua portuguesa em contextos de uso.

Atividades aplicadas: prática

1. O conhecimento da BNCC é fundamental para um trabalho crítico e articulado com as propostas de formação integral. Portanto, é necessário que o professor conheça a BNCC e saiba como integrar suas ideias em diferentes experiências, como a gamificação.

2. Espera-se que uma experiência gamificada com base nas habilidades da BNCC seja rascunhada, tendo em mente os exemplos e as explicações apresentados no capítulo, com vistas a expandir o rascunho proposto no Capítulo 4.

seis

Atividades de autoavaliação

1. a

2. e

3. b

4. a

5. b

Atividades de aprendizagem

Questões para reflexão

1. Espera-se que a resposta remeta ao conteúdo do capítulo, o qual enfatiza que o aluno deve ir além de sua leitura, conhecendo mais sobre o autor do texto, o gênero textual e o pano de fundo. A gamificação permite uma maior interação ou envolvimento com esses aspectos, bem como com diferentes textos e gêneros, o que faz com que a hipertextualidade seja um elemento fundamental nessa atividade.

2. A análise deve levar em consideração os benefícios da aplicação da gamificação em contextos educacionais e no ensino de Língua Portuguesa, como motivação, interesse e engajamento.

Atividade aplicada: prática

1. A atividade rascunhada pode ter como apoio os exemplos dados no capítulo, bem como o conteúdo apresentado ao longo do livro. Espera-se a criação de um objetivo instrucional, de desafios e de elementos que contribuam para a pré-leitura da obra escolhida.

sobre a autora

❰FABIELLE ROCHA CRUZ é formada em Letras – Português e Inglês pela Pontifícia Universidade Católica do Paraná (PUCPR), onde participou do projeto de iniciação científica e pesquisou sobre a aprendizagem de segunda língua por meio de jogos digitais. Logo após a graduação, começou a atuar em uma escola bilíngue, com a educação básica.

Em seguida, cursou especialização em Educação Bilíngue, apresentando um estudo sobre jogos digitais e letramento digital na aprendizagem de línguas. Tornou-se, então, bolsista do Departamento de Estado dos Estados Unidos por meio da Comissão Fulbright, atuando como professora de Língua Portuguesa na University of Notre Dame, em Indiana.

Ao retornar para o Brasil, entrou no Programa de Pós-Graduação em Educação da Universidade Federal do Paraná (UFPR), formando-se como mestre em Educação com um estudo sobre o desenvolvimento de competências digitais. Paralelamente, terminou a segunda especialização em Games e Gamificação na Educação pelo Centro Universitário Internacional Uninter.

Atualmente, é professora tutora do Curso de Letras – Inglês na Escola Superior de Línguas do Centro Universitário Internacional Uninter e autora de materiais didáticos para o ensino médio, além de pesquisadora de jogos digitais e gamificação.

Os papéis utilizados neste livro, certificados por instituições ambientais competentes, são recicláveis, provenientes de fontes renováveis e, portanto, um meio responsável e natural de informação e conhecimento.

Impressão: Reproset
Novembro/2022